建築スタディ 発想の方法

E〈a Moment for Architect

JN040701

デザインを決めた
50人の模型・ドローイング

坂牛卓 編著

学芸出版社

本書は、50人の建築家による発想の方法を集めた資料である。私がそんなことを調べたきっかけは、自らの発想の苦しみを、他の建築家たちがどのように乗り越えているのかを知りたいと考えたからだ。

化学反応

　建築における「発想」とは、何か新しい考え方や形を思いつくことである。そうした新しさは建築家の今までの記憶や経験から生まれる理念のようなものが元になるのだろうが、それがベースとなって何かが生成されないといけない。つまりそれは化学反応のようなもので、A（記憶・経験・理念）にB（何か）を加えて反応させ、C（新しさ）を得る、というようなことではないかと思われる。だから発想に当たってはこのAとBを定めなければならない。

　私の場合、Aに当たるのが建築への考え方で、それはプロジェクトを超えて、一貫して変わらない。そしてBに当たるのがプロジェクトごとに異なる敷地やプログラムという条件だ。そしてこのAとBを擦り合わせるとCが見えてくる。

　もう少し具体的に言うと、私は建築という固定的で静的な物体の中に流れる光、空気、人、物などに興味がある。だからそれらが流れる様が、五感を通して知覚されることを、建築の第一条件だと考えている。これは私の建築理念と呼べるもので、プロジェクトが異なれど、変わらないAにあたる。一方プロジェクトの敷地やプログラムなどの条件は、類似することはあっても同じことはない。この毎回変わる条件がBである。だから変わらない理念Aを変わる条件Bに擦り合わせることでCを生み出そうと考えている。

触媒

　このA＋B＝Cは発想の大枠であるが、AとBのぶつかり合いをミクロに見るとそこで何が起こっているのかは、突然変異だったり、理論的展開だったり、ケースバイケースで定式化しにくい。ただこの化学反応はそう簡単に起こるものではないし、待っていたら勝手

に起こるものでもない。だからAとBを並置し、ひたすら可能性のありそうな触媒を入れては状態を見るという苦しい道のりが続く。触媒に相当するのは僕の場合、昨今の哲学的課題である「感性」「物」「共同性」「AI」などの概念である。そしてこんな触媒がきっかけとなり、ある時この道のりのどこかで、反応が始まり、これはいけると思えるステップアップが起こる。流れが敷地の環境要素の中に立ち上がる。ドローイングや模型にも変化が見られる。それは劇的な場合もあるが、微差の場合も多い。見た目の大小に関わらず差に秘められた意味が重要である。

　本書は50人の建築家による、この反応の前後のドローイングや模型のコレクションである。「BEFORE」「AFTER」双方を見ることで前後で起こっている反応の内実が明らかになる。読者にはこの反応のメカニズムを感じとり、自らの発想に役立ててもらえればと思う。

3種類の建築家

　さて、いただいた数々のドローイングや模型は、建築家それぞれの関心のありようを示している。一見何の脈絡もないように見えるが、私はそれらを大きく3つの態度として捉えた。それは3種類の建築家の存在を示している。それらは「考え方」を新たに生み出そうとする建築家、「空間や物」を練る建築家、「環境や社会」を問う建築家である。

　実際に彼らの建築が生まれる前のスケッチや模型を見ると「考え方」を問題にする人は生まれる前も「考え方」にこだわっている。「空間や物」を考えている人は生まれる前も同じことを考えている。

　これは私の予想だが、おそらく彼らのこだわりは違うプロジェクトでも同じではないかと思う。つまり彼らの発想は、自らの継続的な理念の枠組み（考え方、空間・物、環境・社会）の中で絞り出した結果なのである。決して天から降ってくるエピファニー（突然のひらめき）を自らの意思の介在無くして受動的に手に入れたものではない。彼ら

にはそれを絞り出す理念的な枠組み」とこだわりの方法論がある。

　この3つの態度をさらに9つの関心、〈1 設計方法〉〈2 関係性〉〈3 構造〉〈4 空間〉〈5 表皮〉〈6 ディテール〉〈7 社会〉〈8 場所〉〈9 環境〉に分類してみると、建築家たちの思い、態度、理念がよりはっきりと現れて見える。

　例えば、増田＋大坪さんは一貫して既存の何かと新たにつくるものの間を埋める方法を模索している。スケッチにはその間を埋めるものが何かを考えた末のエキスが現れている。隈研吾さんは意思決定の材料は必ず模型だと言っていた。隈氏にとっては全体の表皮と構造のバランスを見るのに模型以外のツールは考えられないのだと思う。宇野友明さんのスケッチブックにはディテールしか描かれていない。建築はディテールの集積でできているということを物語るし、ディテールがうまくいけば建物全体がうまくいくという信念がそこから伝わる。山本理顕さんは修士論文で研究した建築と社会との関係性のダイアグラムを未だに自らのプロジェクトの原理として踏襲している。そのしつこさはなかなか真似できないだろう。田根剛さんは建物の敷地周辺にすでにあるさまざまな物を考古学者のように集積してそれらを発想の原点としながらスケッチを描いていく。だからスケッチは常に建築になる前の断片であり、それがある日、全体の形に結びつくのだが、スケッチは常にその場所の何かと関係するのである。

　建築家の発想は、このようにそれぞれの理念がプロジェクトごとの条件と化学反応し生まれるのである。ここに集められた50個の化学反応から学べることは計り知れない。十分に堪能していただければ幸いである。

2024年5月　坂牛卓

建築スタディ 発想の方法
デザインを決めた
50人の模型・ドローーイング

Eureka Moment
for Architect

138　Ⅲ　社会や環境を思う

I
考え方に
気づく

1 ｜ 方法

閃き

　スケッチブックを前にして建築家は何を考えるのだろうか。突然、見てきた敷地にフィットする形が浮かぶ人もいるだろう。学生の頃、宮脇檀の作品集に彼のスケッチブックの写真が掲載されていた。そこには敷地に行った時に最初に閃いたスケッチが描かれていた。そしてそのスケッチ通り建物はできていた。オスカー・ニーマイヤーは生前、千近い数の設計をしたが、ある建物は太いマジックを使い数秒で描いたスケッチをスタッフに渡し、それがそのままできたと聞いた。丹下健三は、「建築は閃きか時間切れだ」と言ったそうだが、実際にそんな丹下さんの閃きでできた建築は関口教会だけだと事務所のOBの方が言っていた。

ビルディングタイプを超えて

　閃きで建築ができたらそんなに楽なことはない。だから建築家はひたすら描くのだろう。そして描くものはイメージ（形）だけではない。文章のこともあるだろう、プログラムのダイアグラムのこともある、建築家は形のことばかり考えているわけではない。

　例えば本章で取り上げた建築家たちを見てみよう。青木淳さんは短い設計期間で2つの考え方を思いついた。1つは橋のたもとにある神社の鳥居の連続、もう1つは居場所をつくるという考え方。後者が選ばれ、その居場所は道の連続であるという考え方に至る。増田信吾＋大坪克亘さんの場合、彼らは既存建屋が性能の高いナショナル住宅であることをスケッチに描いていた。そして何をやるべきか、ということを次に描こうとした。そこには「庭を含めた広がり」をもたらすという考え方の基本が挙げられ、そのために庭に通る「軸」が必要であることを描いた。それは形ではなく考え方である。古澤大輔さんは内部／外部、開く／囲むなどの形態の両義性を維持するにはどうしたらいいかと

いう形のあり方をスケッチしている。それは形そのものではなく、そこに込められた考え方の核である。

　建築には用途があって、その用途は大体においてすでに世の中にあるもので、その用途の建物はかつて世界中でたくさんつくられてきた。いわゆるビルディングタイプと呼ばれるもので、1つの典型的な形を持っているものである。設計資料集成と呼ばれる、この手のビルディングタイプを集めてきて、それらの設計の勘所を押さえた資料がある。私たちはこの資料集成を学生の頃から大事に持って、あるビルディングタイプの設計が始まると過去の事例としてそれらを見返して、なるほど先人はこうやって設計していたのかと勉強したものである。

　しかし昨今用途が複雑化してきた。空港に電車の駅やショッピングモールが接続したり、集合住宅と役所が合体したり、はたまたコンヴァージョン建築が増えてくるとそもそももととなる建築がその用途とは全く関係なかったりする。それでも建物は十分機能する。すると一体ビルディングタイプを学ぶことに意味があるのかという疑問も湧くし、新しい建築はビルディングタイプを疑うことから始まるのではないかと考えたくもなる。

　この本に分類された建築家の方々がやろうとしているのは、与えられたプログラムや要望に対して、ビルディングタイプをあてがうことをまず放棄して、その要求を解く方法は一体何なのかを根源的に考えることである。その典型は古谷誠章さんのメディアテークのコンペ案のスケッチとコラージュである。これは建築の機能を来館者に供給するというそれまでの文化施設の考え方を一度考え直し、来館者と本、あるいは来館者同士が遭遇することが新しい知の創造（文化）と考えた。その末にそれまでの建築ではひとまとまりであるべき機能をみじん切りにしてばら撒くということを思いつき、それがルービック・キューブのような各面9つに切断されたイメージを生み出した。だからここにあるスケッ

チは考え方そのものである。これがそのまま建築にはなり得ない。これは解体の図式である。

方法論をつくる

　新しい考え方が生まれるためにはいくつかの条件が必要である。1) クライアント側にそうした希求がある、2) 設計条件が今までにないような新たなものである、3) 既存の用途やプログラムではあるが、全く新しい解釈があり得る、4) 技術革新が新しい設計の端緒を導き出せそうな可能性を持つ、5) 新しい方法論を模索する。本章で取り上げた事例はこのどれかにあてはまる。1) 2) はコンペなどの場合に起こることが多い（古谷さんをはじめ、遠藤克彦さんの美術館も）、3) は建築家が今まであまり手をつけてこなかったジャンルの場合（青木さんの橋、北川原温さんの舞台）、4) はコンピュテーションによるものなど（NOIZのパターン解読）。5) は西澤徹夫さん、藤村龍至さんなど。こうして見ると方法論を考える人は受動的なようにも思えるが、こういう人は常に自ら新たな方法論をつくることが設計の癖であり、おそらく違うプロジェクトでもこのやり方を踏襲しているのだろう。

青木淳
馬見原橋
まみはらばし

「設計ってなにをすること?」が腑に落ちた瞬間

トレペやスケッチブックに描いたスケッチなどは、すぐにどこかへ行ってしまう。それで困ってはじめたのが、どんな文房具屋にも置いてあるCampus Noteになんでも書き連ねること。事務所をつくって2年目の1992年から続けていて、今や、145冊になる。もちろん、スケッチのすべてをそこに描くわけではない。ときに、手元にあったその辺の紙に、ごちゃごちゃやる。しかし、そういう紙はたいていゴミ箱に行くから残っていない。そんななか、ほぼ唯一残っているのが、このA4コピー紙の裏に描いた、スケッチというか、落書きである。1994年の春、馬見原橋のデザインをあれこれ考えているときのもの。

橋の下に、秘密の場所があったらと考えはじめた。そしてその場所をつくる形態要素を、張弦梁におけるコマに相当するものにしようとしたのだった。とはいえ、「機械の美学」的なデザインは、避けたかった。そこで、「なまけもの」が橋にぶらさがっている、というようなイメージで描きはじめた。しかし、それ

だって機械のようではないか。複数のパーツの組み合わせでできていることには変わりはない。

ならば、連続的なひとつでできているものにできないか。橋のたもとで道が上下に分かれて、向こう岸で溶け合って、またひとつに戻る。「なまけもの」は、こうなると、道の分岐を維持するためのスペーサーにすぎない。いや、もっとバカみたいに簡単な仕組みにできないか。上下に分かれた道の間に、何本か柱を挟むだけ。こうして思いがけずに、「道」の変形、変異だけで橋と成すこと、そして、その行為以外への関心を徹底的に削ぐこと、という方向が見えてきた。この紙は、その移行の過程をそのまま残している。

このときの、視点の移動の仕方が、その後の自分を決定づけたような気がしている。モノではなく居場所。そこに人がどういう気持ちで居るのがいいか。そこにある場所を、そのためにどう変異させたらいいのか。そんなことを意識した、とっかかりだったのかもしれない。

設計|AS（旧青木淳建築計画事務所）＋中央技術コンサルタンツ　所在地|熊本県上益城郡　用途|橋　構造|S造　橋長|38.25m　竣工年|1995年

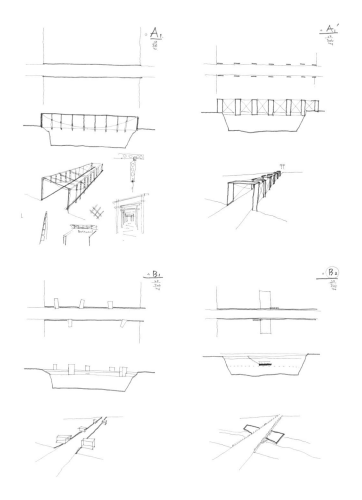

設計期間が1、2か月しかなかったので、現地での最初の打ち合わせ時に案を数案、持参する必要があった。橋の袂は夫婦岩に挟まれ、そこに注連縄が架かっている。その先には神社。であれば、鳥居の連続というのが、素朴な発想。A案はその展開。B案は橋に居場所をつくれないか考えた案。

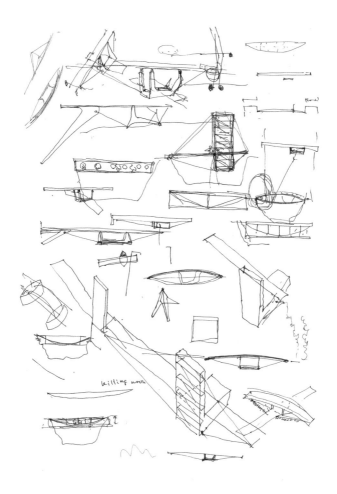

いつしか橋に居場所を付加するということが不純なことに思えてきた。だから、居場所をつくりだす要素に構造的な意味を持たそうと考えた。しかしさらに、そもそも特殊な橋をつくる必要もないではないかと思うようになり、どこまでも続く道が川の上に来たときに変形する、それだけの操作でいいのでは、という考えに至ったのだった。

中山英之
ある高齢者介護施設建替計画

「ない」ことが生まれる?—脳が見るかたちと力学のあいだ

p.020の模型は、あるコンペ案の検討時に作られたものです。縮尺なし、寸法もなし。おそらくどんな設計事務所の片隅にもある、発泡スチロール屑が放り込まれた袋の中から適当に拾い上げたかけらを、刃を長く出したカッターナイフで刻んで、即興で作られました。

矩形平面の壁に方形屋根の帽子を被った単純な家のかたちが3つ。けれども真ん中の家だけ帽子が宙に浮かんでいて、支える壁がありません。ただ、この「壁がない」というのは、よく考えてみると少し変です。べつに3つの家の模型を作っておいて、ひとつだけ壁を捨てたわけではないのだから。はじめから作っていないものが無くなったりするわけありませんので、「ない」という感覚は見る側の頭の中で生まれたものです。

同じ模型を構造的な視点から眺めると、古くからある、ある橋の構造形式が浮かび上がってきます。両岸から片持ちで伸びるトラスのそれぞれの先端に山形トラスを架け渡した、ゲルバー橋と呼ばれる形式です。ひとたび構造的にこの模型を理解すると、さっきまでの「ない」という感覚もどこかに消えてなくなってしまう。なんだか不思議ですよね。

このコンペは、高齢者介護施設の長期建て替え計画を募るもので、これまで欧州での仕事をいくつか協働しているLISTの誘いで、私たちは主に中心に置かれる食堂兼集会室を担当しました。厨房やトイレ、倉庫や機械室、そしていくつかの個室。そうした与件を整理していく過程であちらこちらへ漂いまわるプランが、ある時3つの屋根のかたちの元に泳ぎついた、この模型はその瞬間に作られました。

屋根の下に集う入居者たちの楽しげな毎日が、この「ない」場所を埋めることでしょう。

プレゼンテーションではそう説明して、私たちはこの仕事を勝ち取ることになりました。

設計｜中山英之建築設計事務所+LIST　所在地｜Wommelgem, Belgium　用途｜高齢者介護施設　構造・階数｜W造・地上1階　延床面積｜459.4㎡（中山英之建築設計事務所担当の食堂兼集会室棟のみ）

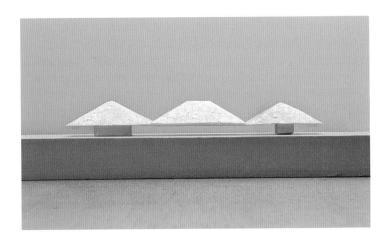

与件がとりうるかたちの無限のひろがりの中を、ゆらゆらと泳ぎ回る時間が、どこかで突然収束する。その瞬間はいつも予想がつかないけれど、このプロジェクトでは、力学的な吊り合い状態と、人の直感的な図像認知が一致しない状態で静止した、小さな模型がそうでした。

photo: 中山英之建築設計事務所

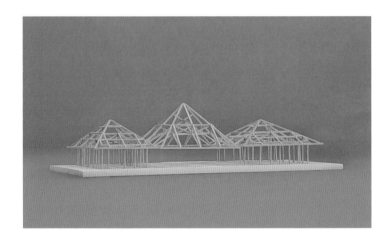

構造設計者であるBollinger+Grohmannから提示されたのは、軽量な木造フレームによる架構。中央の屋根は、左右の屋根先端に取りつけた、せん断力に応じた最小限の断面の金物の上に、エラストマー樹脂を介してそっと置かれています。

photo: 中山英之建築設計事務所

設計｜増田信吾＋大坪克亘　所在地｜東京都　用途｜住宅（夫婦2人）　構造・階数｜〈母屋〉軽量鉄骨造・地上2階、〈離れ〉S造・地上1階、〈外廊下〉S造　延床面積｜〈母屋〉1階80.4㎡ 2階27.1㎡〈離れ〉19.9㎡、〈外廊下〉0.0㎡　竣工年｜2016年　photo：石山和広

増田信吾＋大坪克亘
始めの屋根

問いを問い直す─考えたこともなかったものを創造するために

庭のある生活がしたい、ということが施主の望みで、庭付きの中古物件の購入をしました。しかし、既存の状態だと、庭がある、というだけで、建物を建てた後に余った場所、という印象でした。南側の庭に向かってグラスハウスを増築し、植物でいっぱいにするなどのリクエストはありました。確かに印象としては庭と一体感があるように感じるかもしれないですが、その印象を獲得するために熱や湿度、害虫などの問題を引き連れてきてしまい、問題解決が別の問題を引き連れてくるため、イタチごっこです。それでは設計とは言えません。

そこで、母屋と離れ、その間の2つをつないでいく屋根を考えてみました。

敷地の幅は目いっぱいで19m程度。柱を4本くらい建てると屋外のスケール感になるし、両サイドに張り出しを余らせておけばそれらが重りになり、柱間のモーメントを軽減してくれます。既存建物にくっついたバルコニーのような存在感で家と庭に対して存在すると仰々しくないだろうから、バルコニーの支柱を65mm角の太さにしてみました。でもそうするとブレースが必要そうで、しかも傘型構造だから横揺れに弱いため、ブ

レースは厚みをもって横転を回避する働きをする2階のバルコニーと庭をつなぐ階段にしてみるのはどうだろうか。雨のことを考えるとフラットルーフにはできないと思っていたから、柱間から張り出した部分の地面に向かうモーメントの矢印方向に鎖樋でさらに地面に引っ張ってみると、屋根は歪み、水勾配が取れるのではないだろうか。微妙に歪んだ屋根は、真っ直ぐな屋根より庭の植物と合うだろう、と今までグチャグチャと考えていながら発見していた問題や考えなければいけない項目が、駆け足で数珠つなぎで組み上がりました。

夏は日陰を庭まで伸ばし、冬は1、2階ともに室内への日差しを邪魔しない高さと幅になり、離れまでつながります。2階の寝室からも庭に出られます。庭仕事の道具や靴を軒先に置いておいても雨に濡れません。庭に出やすくなったので、庭が生活の一部に近づき、既存住宅の軒を再興することにつながりました。

つくりたいものを描くためではなく、まず問題や要素を発見するためにただひたすら描き、考えたこともなかったものを創造するために、エスキスをしています。

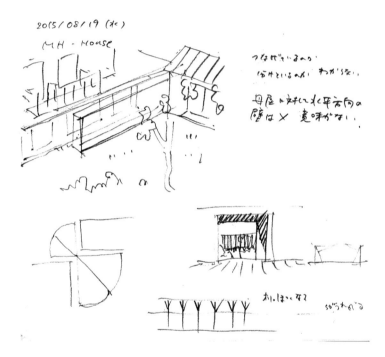

既存住宅はナショナル住宅R2N-900（R2A）型。既存建物の状態は良好だった。戦後の住宅供給目標を達成する1974年より前のモデルで、とても切実でありながら広々とした良いモデルである。必要十分な生活は確保できる保証があった。機能を超えて、庭やその周辺までも取り込むような広がりを獲得することが設計に値すると感じた。

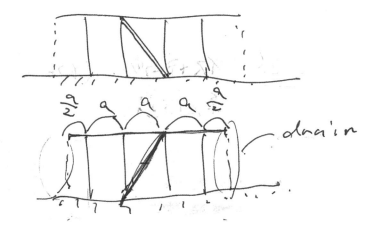

気になったのは、せっかくの広い庭や離れへの移動が億劫で、生活は十分だけど、足元と手元に集約されていた。そこで母屋と離れと分割されてしまった庭に通る軸を覆うことで敷地の広がりを取り戻し、それぞれの場所の行き来がしやすくなるのではないか。4本の柱とブレースを主構造とし、共振を抑えるために鎖樋にテンションをかけた。

photo: 富井雄太郎

西澤徹夫
東京国立近代美術館所蔵品
ギャラリーリニューアル

ニュートラルさをチューニングする

展覧会「建築がうまれるとき：ペーター・メルクリと青木淳」（2008年）の会場構成が独立して最初の仕事で、かつ、幸いなことに以後いくつか続くことになりました。美術館はよく行く方だし、会場構成にも関心があったので、はじめは建築実務の小さな応用、くらいに楽しんでいました。しかしそこから数年は建築設計の仕事はほとんどなく、本末転倒したような状態に内心焦っていました。

ところがだんだんと、建築設計の応用どころか建築設計におけるなにかとても重要な手がかりを摑み始めたような気がしてきたのです。つまりこういうことです。展覧会の会場構成という仕事は、ちょっと明るい雰囲気にしたいからといって作品に色を足すというようなことはできないし、キャプションがちょっと邪魔だなといって削除することもできません。そのうえ、それらを過剰な方法で表現したり演出したりするのは会場構成がすべきことではないことは自分自身がいろんな展覧会を見て思っていたことでしたから、展覧会を構成しているすべてのものの配置と距離の設定だけで観客の動線と展覧会の経験をつくらなくてはいけない、というほとんど整理整頓でしかないような作業が、なにか見慣れたものに新鮮さをつくりだす可能性を持っているのではないかと感じはじめたのです。

それが建築設計に結びついたな、と思えたのが2012年の「東京国立近代美術館所蔵品ギャラリーリニューアル」でした。目新しい造形や形式を必要とせず、あらゆるものの配置が互いに均衡を保っていて、本来美術館が持っている空気感に従っていること、そのことがとてもニュートラルな状態なのではないかと思えました。

だからひとつのルールや方法論で全体をつくることはせず、局所的な問題とその解決や分析をスケッチに書き込んでは俯瞰しながら適切な状態を探り出すことに設計作業を集中すること。これをチューニングと呼んでいました。この、とても当たり前のようなスタディは京都市美術館や八戸市美術館にもつながっていると思っています。

設計｜西澤徹夫建築事務所（協働設計：永山紀子）　所在地｜東京都千代田区　用途｜美術館　構造・階数｜SRC造・地下1階、地上4階　リニューアル工事対象延床面積｜2,416.16㎡　竣工年｜2012年

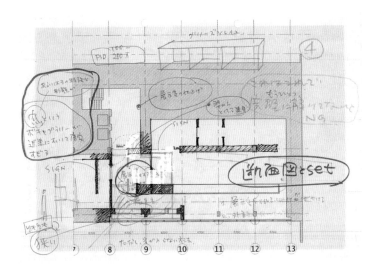

4階ハイライト展示室と休憩室回りの初期スケッチ。やるべきこととやるべきでないことを図面で考えている。例えば、この時点では塞がれた窓を再び開けることが必要か、その場合展示室内に入ってくる外光をどう処理するかという岐路にあった。また短い工期を睨んで防火区画を変更することが可能かどうか、空間の分節に伴う仕上げの連続性をどう決めるかなど。

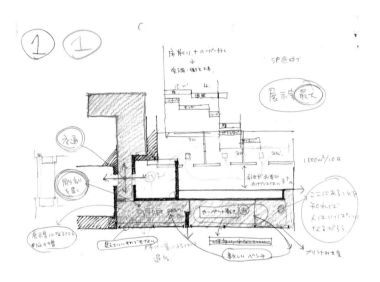

限られたスペース内でのプランニングでは、何かを仮定すると必ず他の場所に影響する。全
てを一気に解決する方法はないので、延々と調整を繰り返すことになる。最終的にはクラン
クした動線のために利用者にとって見つけづらい場所にあった休憩室を、資料コーナーと
一体的なオレンジのカーペット（緑の補色）でつなげて誘導し、入口からは斜めのハーフミラー
で皇居が見えるようにした。

舞台デザイン｜北川原温　制作年｜1998年、2005年（再々制作）、2021年（再制作）　用途｜バレエ舞台　制作｜シュトゥットガルト（再々制作）、リヨン（再制作）、オペラ・ガルニエ／パリ、リヨン国立歌劇場、ベルリン国立歌劇場、ウィーン国立歌劇場、リンカーンセンター他　公演場所｜オランダ・ハーグ（初作）　芸術監督｜イリ・キリアン　舞台デザイン｜北川原温　photo: Futoshi Hoshino

舞台デザイン（設計・制作監理）｜北川原温建築都市研究所（担当：北川原温）　制作年｜1998年（再々制作）、2021年（再制作）　オランダの憲法制定120周年を記念して、オランダ政府がオランダ国立バレエ団の芸術監督イリ・キリアンに創作バレエの制作を委嘱。振付｜イリ・キリアン　照明｜ブレット・ティーン（ベルリン国立歌劇場技師）　音楽｜ヨーグ・ヴィサール　衣装｜ミハエル・シモン（ベルリン・フィルハーモニーヴィオラ奏者）

北川原温
バレエ『One of a kind』舞台美術

オートマティスムの試み

1993年頃、公演で来日していたモダンバレエの振付家イリ・キリアンが青山の事務所に突然訪ねてきた。キリアンはその場でバレエのフォーメーションを演じながら「ダンサーは瞬間的に空間をつくる建築家だ」と言った。その言葉に共鳴して意気投合、当時彼が芸術監督をしていたNDT（オランダの国立バレエ団、ネザーランド・ダンス・シアター）の舞台美術を制作することになり、オランダの憲法制定120年を記念して国がNDTに委嘱した創作バレエの舞台を担当した。その『One of a kind』はモダンバレエとしては3幕で構成された大作で、オランダ・ハーグのレム・コールハース設計のルーセント・シアターでNederlands Dans Theater 1により初演、パリのガルニエ・オペラ座やベルリン国立歌劇場、NYのリンカーンセンター、モナコ芸術祭などで公演され、NYではNYダンスアンドパフォーマンス賞の舞台美術部門で私がベッシー賞、モナコではキリアンがニジンスキー賞を受賞。その後もジャン・ヌーベルによってリニューアルされたリヨン国立歌劇場、シュトゥットガルト国立劇場など、現在も世界各地で公演が続いている。

キリアンからこの舞台デザインの依頼があったときに、自筆の長文の手紙が届いた。その手紙には「憲法」に対する彼なりの考えが延々と記されていた。そして最後に「しかし、結局、人は自分自身の闇の世界を歩いていくしかない」としめくくられていた。憲法に謳われている「自由」について掘り下げていったところ、進むべき何の手掛りもない闇の中をさまようたったひとりの自分に気づいたというのだ。

その手紙を読み終わって、頭に浮かんできたのはシュールレアリスムでアンドレ・ブルトンらが提唱した「オートマティスム（自動記述）」だった。それは簡単に言えば無心に手を動かして何かを描くことだ。無心になれば何も描けないとも思うのだが、できるだけ無心になって描いてみるということに興味が湧いて昔何度か試したことがあった。そして久しぶりに挑戦してみたのだが、無心どころかけっこう意識過剰になってしまった。そのとき描いたのが次のページのドローイングだ。

Sketch for the stage – set - design of "ONE OF A KIND" inspired by Jiří Kylián
このドローイングは舞台美術の依頼を受けたときにキリアンが送ってきた長文の手紙を読んだ直後に描いた。ここからスタディを繰り返して3つの案を出したところ、3つとも採用されたため3幕の構成となった。ポンピドゥーセンター・パリ（仏国立近代美術館）所蔵。

(1996, Drawing / Tracing Paper, Crayon, Pencil 455×520mm)

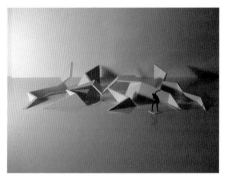

第一幕の模型
折紙状の立体と、オーケストラピットの上にかかる、やはり折紙のような橋、それらにシンクロするピンカット照明（照明はミハエル・シモン）による。

第二幕の模型
後方からの照明によって変化する、ひし形の白い布。コンピュータによって上下、左右、回転の動作をする空中に浮かぶ長さ6mの黒い円錐。

第三幕の模型
スチールチェーンのスクリーンを6セット吊る、コンピュータ制御で上下動する。チェーンの長さは約6,000m、ブドウ棚にセットするモータードライブ照明は300台。人力でゆっくり動く階段状の立体は3つに分裂する。

設計｜NOIZ　所在地｜イタリア・ミラノ　用途｜exhibition　延床面積｜107.30㎡　竣工年｜2019年　Collaborato｜AtMa、照
明計画:岡安泉照明設計事務所
photo: Daici Ano

NOIZ
"Patterns as Time"

自然と人工、無数のパターンを凝縮する方法

NOIZというデザインチームは、あくまでアノニマスな集団であることを大事にしている。一人の個性、一人の天才が突破できる価値を否定するつもりは毛頭ないけれど、今の時代、多様性を増幅させる集合知の体系、専門性を越える技術のようなものがはじめて摑み得る価値や可能性の領域は、おそらく想像以上に急速に広がっている。そこには新しいテクノロジーが必要だし、リサーチと試行の積み重ねが価値になるし、それらを経ることでデザイナー自身が新しい肉体感覚を備えていく。

僕はデザイナーが個人として到底扱いきれないような複雑な系、あいまいな現象、理解しきれない情報量をいかにほどほど十分に、かつ相応に効果的に扱えるかにとても興味があるし、その探索先はどうしても科学や数学、経済などこれまでのデザイン領域を越えた分野になりがちだ。そうした世界の現象や挙動の中に、新しい価値がまだまだたくさん眠っている。

例えば写真のプロジェクトは、2019年のミラノ・サローネにDNPの展示としてデザインしたものだ。DNPが開発中のe-Paperという自発光しないが変色する電子ペーパーのプロモーション環境のデザインで、我々がゼブラ効果と呼ぶ視覚の錯乱効果を活用した。複数の半透明の膜上に印刷された複雑なパターンが、空間と物資の境界認識をあいまいにする効果を物理的に引き起こす空間装置となっている。そうした視覚効果を実現するために、反応拡散系パターンという自然界に多く存在する不定形なパターンを入れ子状に、床や壁や天井、膜や変色する椅子にプリントし、光環境を均質にする効果も計算しながら、厳密かつ繊細な視覚効果をデザインしている。こうした自然界に存在するパターンを活用しながら有機的で、かつデジタルでなければ不可能な効果を実現するようなプロジェクトを、ノイズでは多く行っている。そこではコンピューテーショナルなアプローチは、我々の常識という箍を外してくれる有効な道具となる。

科学が、デジタルプラットフォームが切り開く新しいゲーム、その中に生まれる価値体系やその表現形が仮に既存の「建築」という範疇に収まらなくても、僕らが持っている特殊な知見や感覚がその生成に活かされるのなら、僕はそれを建築だと考えている。

自然界には無数のパターンがある。ひとつひとつのパターンは、それぞれに異なる環境の下、進化を重ねてきた歴史のユニークな表現型だ。例えばシマウマの模様は、重なり合うことで個体の境界をあいまいにし、群として捕食者の目を混乱させ、スケールに応じて異なる機能を生んでいるといわれている。多くの生物の原始形態を保つと考えられる海洋生物の多くは、呼吸をするように色やパターンを変え、時には身を守り、時には求愛を行う。ランダムなようで、我々の計算をはるかに凌駕する機能と拡張性を持つ「パターン」という豊かな知のかたち それらはさまざまなスケールで、時を超えて、多様な関係性をつむぎだす。

自発光せずに色を変えるe-Paper特有の質感や柔軟性、動的なプログラム性を活かした展示空間を、ミラノサローネ2019のDNPパビリオン向けにNOIZが設計。e-Paperが組み込まれた「ゼブラチェア」は変色により背景に溶け込んだり、漆黒の椅子として空間に浮かびあがったりを繰り返す。同様にe-Paperが組み込まれた「クラゲスツール」は、物質の境界があいまいになった展示空間の中を、ゆっくりとその質感を変えながら漂う。

[写真]中：ゼブラチェア、右：クラゲスツール　　[動画]右のQRコードよりご覧ください。

photo: 平井広行

古澤大輔
古澤邸

複数の問いを重ね合わせて転じる

「古澤邸」という自邸の計画ではたくさんのスケッチを描きました。正式なドローイングを除いても500枚以上の何気ないスケッチが残っています。次ページに示したスケッチは、計画の方向性がシフトしようとする瞬間を捉えたものです。「古澤邸」は新築ですが、「バルコニービル」という名称で発表した当初案を「既存建物」に見立てて概念的に〈転用〉したところが最大の特徴となっています。ここでの〈転用〉とは、ひと言でいうと「本来の道から迂回しながら拮抗した両義項を止揚すること」です。つまり相対する2つの世界を調停し、その外部へと転じる作業のことを指します。その結果到達する世界とは、形態の根拠性や機能の妥当性といったものが宙吊りにされて、"事後的"に、互いが自律しながらも反転し、関係しあうような両義的な世界だと私はイメージしています。

「古澤邸」の「既存建物」は、正方形平面の中心にシリンダー状の壁で囲われた階段室が配置されたものでした。シリンダーは閉じた図形です。なぜ閉じているかというと、強烈な中心性があるから

です。このシリンダーに対して、「閉じながら開き、開きながら閉じる」という両義項を拮抗させる転用操作を施していきました。その結果、中心性の強度が保たれながらも十字形という開いた図形へと解体され、階段室という機能は消失してしまいました。しかし、"事後的"に、十字で切られた対角線上の2つの象限に穴が穿たれ、複数の断片的な階段が新たに生まれました。十字の中心に物質は存在せず、ただ空虚な点のみが残ります。しかし、翻ってその中心性の強度はむしろ「既存建物」のそれよりも増しているように感じられます。

p.041のスケッチには、閉じたシリンダーが開放形の図形に転化し、十字形の梁と4本の柱が立ち現れる瞬間が捉えられています。そしてこの十字形の梁は、床から分離するかたちで実体化され、かつてのシリンダーという形象は、平面的にも断面的にも解体されていきました。

左ページは竣工直後の写真です。見え隠れする躯体の姿に、当初の案がまるで肉体を離れて浮遊する魂のように潜在しているのを実感します。

設計｜古澤大輔／リライト_D＋日本大学理工学部古澤研究室　所在地｜東京都　用途｜専用住宅（夫婦+子ども2人）
構造・階数｜RC造（純ラーメン構造）・地上4階　延床面積｜90.59㎡　竣工年｜2018年

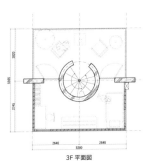

3F 平面図

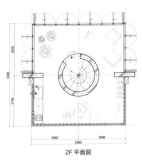

2F 平面図

設計当初は私のアトリエやシェアハウスとしての運用を主眼に据え、都市に開かれたビルディングタイプとして計画していた。この時の構成は、共用部となる階段室を取り囲むシリンダー状のRC壁と積層するフラットスラブによるシンプルなものだった。無数のスタディを経てこの案にたどり着いた。この後、実施設計の段階まで行っている。　　　　　　　　photo: 鳥村鋼一

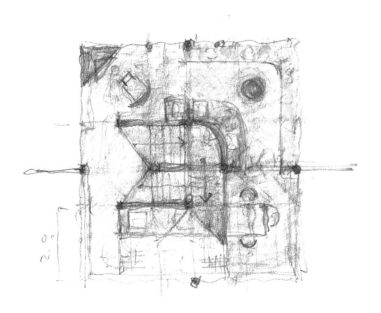

強い中心性を持った明快な図式の強さを保ちながら弱くすること、内部と外部を二分しつつ二分しないこと、十分に開かれると同時に囲まれている空間とすること、といった両義的な問いを複数重ね合わせて当初案を転じていった。このスケッチは、シリンダーが開放系の図形へ転化され、十字形の梁と4本の柱が立ち現れる瞬間を示している。

photo: Hiroshi Ueda

遠藤克彦
大阪中之島美術館

単純さの中にある複雑な事象を表す

この「大阪中之島美術館」のパッサージュ模型 (p.045) は、世に出ている外観写真などからは想像が難しいかと思う。これは設計の途中にて、建物内部で上下階を連続する空間「パッサージュ」の部分だけを取り出して、その構成詳細を検討するために作成したものである。実施設計の終盤に作った模型であるので、高さ関係も整理されている。サッシュ、マリオンなどもほぼ完成時と同じであり、この模型作成以後は、断面計画としての縦方向モジュールが変わることはなかった。

もう1つこのパッサージュ模型で確認したことは、単純な外観・外装の中に仕込まれた、複雑な内部構成についてである。常々「現代性」とは、見えているものの背後に隠された技術と素材が、見えている以上の複雑な事象を可能にすることである、と考えており、この美術館もその現代性の表現として、単純な外部形態に対して、内部空間の複雑な構成および状況をつくり出すことが重要であると考えていた。この模型においても、パッサージュ空間は下階では面的に大きく四周に開き、しかし吹き抜けを上がった先の4階は東西方向に、そして5階は南北方向にと方向を変えて、シームレスに繋がっていくのが見て取れよう。外部から見るだけでは実に単純な矩形の建築ではあるが、その内部は複雑で、そして縦に連続した空間が内包されているということを検証するための模型であった。

建築において、コンセプトとは、構想とは果たして何ぞや、という問いが常にある。私は、構想とはその建物の「背骨」となりえているものであり、その背骨がなくなれば建物の意味自体が消えてしまうもの、と考えている。この建物にとっての構想とは、矩形に内包された縦に繋がるパッサージュであり、つまりそれは単純さの中にある複雑な事象の表現であった。

設計｜遠藤克彦建築研究所　所在地｜大阪府大阪市　用途｜美術館　構造・階数｜S造・基礎免震、地上5階　延床面積｜20,012.43㎡　竣工年｜2021年

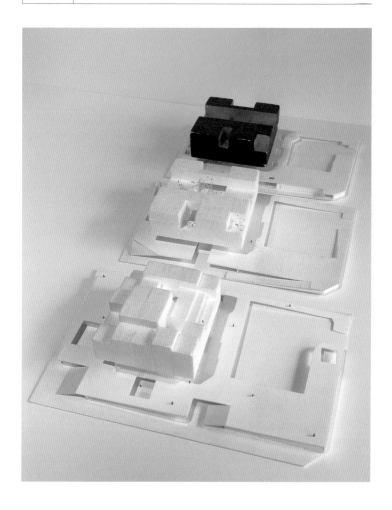

コンペ時に作製した3つの模型で、初期（手前）から最終（最奥）のスタディとなる。当初、パッサージュ（1〜2階のガラスの部分）は平面的なものであり、意図的に上階と下階を分けていた。その後、パッサージュを立体化させることで上階と下階を積極的に接続させることをスタディし、最終的には内外の仕上げを含めた全体像が決定された。

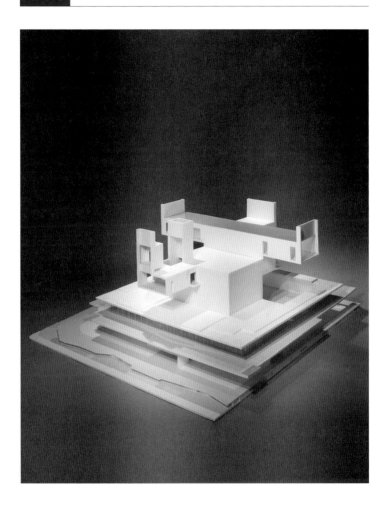

実施設計中に作製したパッサージュの部分だけを取り出した模型で、パッサージュの内部と外部、その両方を観察する事が可能となった。建物内部にパッサージュがどのように内包されているか、パッサージュ内での視線の通り抜けや空間のつながり、サッシや壁の割付まで、細大にかかわらずさまざまな事項を確認した。

photo: 太田拓実

藤村龍至
すばる保育園

帰納的飛躍による創造性

福岡の郊外にある保育園である。敷地は街のはずれの田園地帯にあり、隣りに神社の鎮守の森が、遠くに花立山という特徴的なシルエットの山があった。クライアントと敷地に行って帰ってきた日の午後、S字型による「2つの庭を持つ連続体」という初期イメージを導いた。構造家・満田衛資氏に相談すると「連続体ならRC」との意見であった。そこで当初は家形の立体効果も取り込みながら連続的に変化するなだらかな形状を検討した。

ところがその後の過程で敷地形状が2転3転し、最終的にS字の躯体の全体を回転させる必要が出てきた。さらにコスト調整から大半を標準型枠を用いた陸屋根、一部を自由曲面シェルとする対応を行った結果、園舎は当初のエレガントな形状から離れ、腫れ物のようなやや不自然な膨らみを抱くことになったのであるが、それが偶然にも遠くにある花立山とシルエットが一致し、「風景と呼応する連続体」というコンセプトが成立したのであった。

設計には飛躍が必要であるが、その飛躍はいかに生み出されるかを考えるとき、私が設計の方法論として掲げる「超線形設計プロセス」は「ジャンプしない」「枝分かれしない」「後戻りしない」という原則を掲げている。しかし実際はこのように入力側に大きな不連続性があったり、アイディア（仮説）によってそれらを乗り切ろうとするときに大きな飛躍が生じることもある。

C. S. パースの論理学ではそのような飛躍を「仮説的飛躍abductive leap」と呼ぶが、社会の前提が揺らぐ現代において、設計プロセスに建築家個人の直感を創造性の根拠として主張することはあまり馴染まないように思う。「超線形設計プロセス」は、論理の形式としては観察に基づく経験の一般化を行う「帰納」に近く、「帰納的飛躍inductive leap」による知識の拡張に新しい創造性を見出そうとする。設計の可能性は実践とともに拡張し、ステップごとに大きな飛躍を伴わないため多様な主体による設計に適しているが、その積み重ねにより着実に飛躍を生み出すからである。

設計｜藤村龍至 / RFA＋林田俊二 / CFA　所在地｜福岡県小郡市　用途｜保育園　構造・階数｜壁式RC造・地上1階　延床面積｜1,203.43㎡　竣工年｜2018年

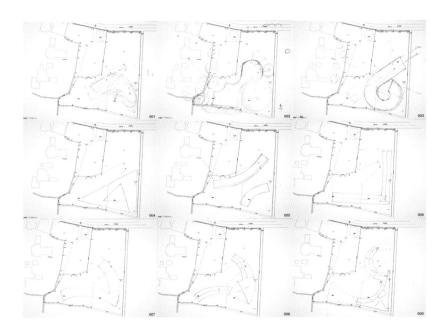

現地での印象などを反芻しながら案出しをし (001-003)、レビューしながら近景と遠景のそれぞれの方向に対応した外形と庭のかたちを考え (004)、遠景と近景を結ぶ視線軸を作ってはどうか (005) と話すうち、L字でどうか (006)、いやもう少し向かい合うようにできないか (007-008) と進んで2つの庭を結ぶようなS字型 (009) が見出された。

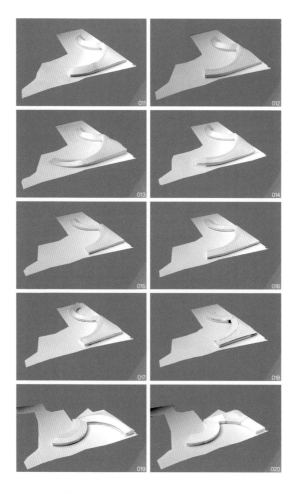

当初は家型の断面を連続的に変化させ、立体効果も利用した優雅な形状を検討していた（011-018）。敷地形状が変化し、最終的に全体を回転して配置することになり（019）、コスト調整も加わって大半を標準型枠を用いた陸屋根、一部を自由曲面シェルとしたところホールの屋根が腫れて膨らんだような形状となったが、結果的に花立山と似たシルエットとなり「風景に呼応する連続体」が生まれた（020）。

設計｜古谷誠章　所在地｜宮城県仙台市　用途｜図書館・市民ギャラリー・メディアセンターなど　構造・階数｜S造・地下1階、地上9階　延床面積｜約20,000㎡

古谷誠章
せんだいメディアテーク（案）

メディアテーク的なもののはじまり

1995年のコンペ案。その後のさまざまな建築的着想の原点的なもの。今後、情報収集や情報交換がICTやAIなどにとって代わった時、一方の実空間の使命は人同士のリアルな場所でのリアルなコンタクトを生み出すことになるだろう。とすれば目的の異なる人たちが予期せず出くわし、お互いに刺激し合えるように、目的別の空間はみじん切りになってできるだけシャッフルされており、お互いが接触する機会が無数にあった方がいい。パンデミックの最中だったら目を剥かれそうなアイディアだが、いつの時代も不変の真理だと思う。

もっとも思想はウイルスと違ってそれ自体で増殖することはない。人が媒介することで、変異、変容しながら拡散されていく。思想や文化の拡がりも時としてリスクを伴うわけだが、それでもなお多くの人々がともに棲む世界の中で、複雑なダイナミズムが働き、伝達される情報も拡大されたり淘汰されたりする。ポジティブフィードバックやネガティブフィードバックが絶えず発生している。危険すぎてただちに駆逐される情報もあれば、一見危険に見えないために、知らず知らずのうちにじわじわ浸透するものもある。そっちの方がかえって恐ろしいこともあるわけだ。

このコンペは僕が早稲田に戻って、事務所も開設した最初の年だった。感染と言えば、大学ではどんな教員も赴任して2、3年のうちが新鮮で、最も学生たちへの感染力が強い。僕は最初から大学に籍を置きながらのプロフェッサー・アーキテクトだったが、思い返せば前任校でもそうだったし、早稲田大学でもそうだった。新任の教員も着任して4年も経つと学生はすっかり入れ替わり、先生は学校に最初からいた人として異物ではなくなってしまう。10年交代で入れ替わるか、さもなくば自分自身が思い切って変身する必要があるかもしれない。

ただ思い返してみると、僕自身にはその才覚がないまでも、研究室を通してみるならば、歴代の学生たちが相互に触発し合いながら入れ替わり、その時々に携わった社会の中のさまざまなプロジェクトに接することによって、実に多様で豊かな成果が生まれてきた。ハードウエアとしてのメディアテークは実現しなかったが、この案が目指したメディアテーク的なものは、その後に脈々と息づいていたのだと思う。

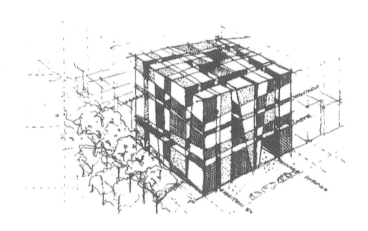

さまざまな目的を持って訪れる多様な来館者どうしが予期せず遭遇する機会をできるだけ増やすために、それぞれの機能を独立して完結させずに、みじん切りにして互いに混じり合った状態をつくり出そうとしている。

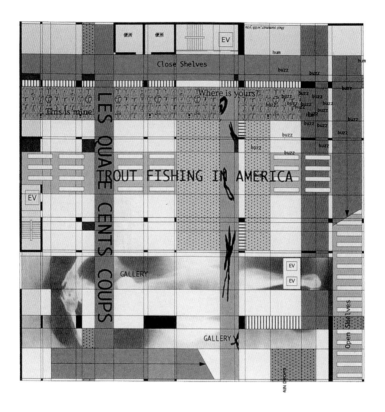

閲覧室、書庫、複数のギャラリーなどが、さまざまな階をまたいで短冊状に切り裂かれて配置され、構造体や、設備などのインフラまでもが平面図上では等価に扱われた。ここには通常の廊下と部屋という概念はなく、図書館を主たる目的とする人にとってはギャラリー部分が通路となり、逆に展示を観ようとする人は、書棚の間を通り抜けたり閲覧室で休憩したりする。しかも複数の展示空間が交錯することすら企図された空間構成が生まれている。

II
物、空間を
練る

設計図

　本書を手にしている人の多くは建築の専門家だろう。大学で建築を学び始めた人から、すでに私のように人生の終盤を走っている建築家もいるかもしれない。経験や知識量は異なれども、読者が共有していることがある。それは建築をつくるために設計図を描いている点だ。設計図を描かずに建築をつくることはなかなか難しい。それは設計士が設計図を描いて認定機関がそれを建築基準法などに準拠しているかを判断し、施工者がそれを元に見積もりをつくり、クライアントがそれを承認して初めて建設が始まるからである。そんな建築生産の仕組みはルネサンスに始まり現在まで続く。

物で空間を描く

　その仕組みの中で使用される図面を描く時のルールは何か、鉛筆かCADかツールは異なれども、建物の壁やスラブや屋根など建物の実体の部分を描く(塗る)のがルールであり建物の空間を塗りつぶす描き方はない。図面の描き方は日本なら日本工業規格 (JIS) で定められているからそれに則って描き、それに則って読む。

　だから建築の設計とは建築の物の部分 (実体のある部分) を描くというルールで行われる。つまり壁はここにあり、床をこの高さにつくり、屋根の勾配をこのくらいでというふうに私たちは設計している。だから建築とは物そのものだということになる。しかしそれだけだろうか。建築を使う立場からすれば建築の物の部分は使っていないではないか。私たちは物と物の間の空気の部分を使っているだろう。だから私たちは建築の物の位置を図面に描くけれど、設計しているのはその間の空気である。だからその部分を私たちは「空間」と呼んで大事にしている。それでは建築は空間か?と問われればそれにも即座に首肯し難いもの

がある。なぜなら、建築の素敵な姿形は何かと問われればそれ
は建築の物の部分だからだ。ノートルダム寺院の荘厳なファサー
ドと言われたら、私達は空間ではなく物を思い浮かべる。法隆
寺の五重塔を想像してみるならそれは屹立する塔という物であ
り塔の中を思い浮かべる人はいないだろう。やはり建築は物で
ある。

関係性、構造、空間、表皮、ディテール

　そう、建築は物であり空間なのである。これは建築の原理
である。さて本章ではこの原理に則った建築家の発想を並べ
た。次に彼らの発想の着眼点を関係性、構造、空間、表皮、ディ
テールに分類した。以下それらを瞥見しておこう。

　関係性に分類されたみなさんはとてもバランス感覚のある人
である。劇的な空間や物性の強度で建築をつくろうとは思って
いない。物や空間の位置や距離を考えている。だからその建築
は派手さで見せることなくじわっと伝わってくるのではなかろう
か。

　構造には大谷弘明さんのプレコンの積層、原田真宏さんの構
造の幾何学的な解読がある。彼らは常時建築の内容と構造を
同時並行的に検討しながら、どの構造によってこの内容は包摂
できるかを考えていると思う。その意味ではじめに構造がある。

　空間には伊東豊雄さん、畝森泰行さん、長谷川豪さん、など
がいる。伊東さんは中野本町の家における空間軸のずらしが
空間を動かしたことに注目している。そして台中のオペラハウス
における空間の流動性は中野本町と同様であると明言した。
畝森さん長谷川豪さんは空間の大きさにこだわっている。皆さ
ん空間が最初にある。

　表皮には永山祐子さん、小堀哲夫さん、隈研吾さん、などがい
る。永山さんは常に光学的な建築の輝きや透明性を思考し

ている。小堀さんの表層は建築の仕上げとしての位置付けである。隈さんは言わずもがなだが、建築の被覆をゼンパー、ヘルツォークの次に、日本で最初に主張した人だ。隈さん以外はまず表皮ありきとは言えないが、表皮が決まらないと建築は終わらないと考えている人たちだろう。

　最後にディテール。宇野友明さんは、建築はディテールの集積だと考えている。宇野さんのスケッチブックに描かれていることの9割5部はディテールである。安田幸一さんは、ディテールから配置が決まるというくらい、細部が全体を決定していく力を持っているという。お二人はディテールへの考え方が少し異なるものの、ディテールがまず思い浮かぶという意味において、ディテールありきなのである。

photo: 西川公朗

千葉学
工学院大学125周年記念総合教育棟

アトリウムから"隙間"へ

工学院大学の総合教育棟は、コンペで決まって実現した仕事だから、最終案に辿り着くまでの膨大な数の検討は、応募期間のわずか2か月ほどの間に集中している。案の検討はいつも、何かゴールを決めて進めるとか、僕のスケッチをもとにスタッフが具現化するといった方法は採用しない。それは、建築という仕事の一回性、つまり新しい施主、初めて出会う土地やプログラムなど、そこでしか生まれない一回限りの状況と向かい合うことが何よりも面白いと思っているからだ。だからイメージを先行させるのではなく、むしろその状況だからこそ見えてくる新たな可能性に賭けたいと思っている。そもそも大学とはどんな場か、土地に潜在する魅力は何か、それを、建築をつくることで炙り出していくプロセスを繰り返す。この試行錯誤の末に、これまで見たこともない新しい関係性や空間が発見できれば、これほど幸せなことはない。

数多くの案を経て、敷地四隅がキャンパスにとって重要な場所になることに気づき、四隅を広場に、残った場所を建築化する案が見えてきた。でもプランを描けば、教室同士の関係性は従来と何ら変わらないし、ましてボリューム中央部は、大学ではあまり有効に機能しない凡庸なアトリウムのような空間にしかならない。どうしたものか、もう時間切れかと追い詰められていた時、ふと片廊下型の校舎を4つL形に折り曲げて、外部を介して背中合わせに相対するようにすればうまくいくではないか!と気づいたのである。こうすれば、教室相互が多様な距離をもって向かい合い、大学らしい活動が日常の中で体感できる場が生まれる。スタッフがCAD化した、中央に大きなアトリウムのある案の図面の上にペンテルのサインペンでこのスケッチを一気に描き、コンペ提出案となったのである。それは、建築が陥りやすい慣習的な思考から脱却し、その後パッサージュと名付けた隙間上の外部空間の可能性を発見した瞬間であり、また、さまざまな与件を柔軟に受け止めていく、しなやかな骨格が誕生した瞬間でもあった。少々大袈裟だが、こんなコペルニクス的転回の先に垣間見る新たな世界への興奮があるから、建築はやめられない。

設計｜千葉学建築計画事務所　所在地｜東京都八王子市　用途｜大学　構造・階数｜RC造・地下1階、地上4階　延床面積｜12,028.74㎡　竣工年｜2012年

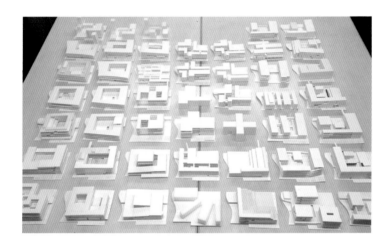

僕の事務所では、膨大な数の模型でスタディを行う。その敷地、プログラムだからこそ可能な案を思いつけば、すぐに模型にする。そしてできた模型を俯瞰したりひっくり返したりしながら、その案の可能性や課題を議論する。こうしたプロセスを延々と繰り返すと、不意に大きなジャンプが訪れる。そのジャンプに確信を持てるのは、こうした積み重ねがあるからだ。

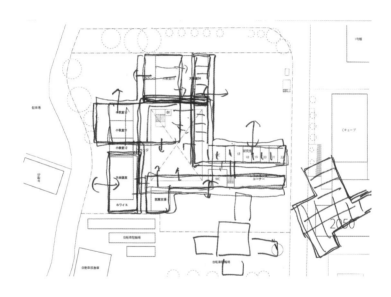

スタディ過程で図面や模型をひっくり返すことは、僕の事務所では日常だ。周辺環境やプログラム、あるいは手慣れた手法から導かれてできた案は、問題はないが、新たな発見がない。だからひっくり返す。正しいことの積み上げでは気付かなかった新たなパラメータや想像を超えた場所同士の関係性の発見が生まれる可能性があるからだ。この最終案は、そんな思考の産物だ。

山梨知彦
桐朋学園大学調布キャンパス1号館

手作業とBIMが生んだ新しいナチュラル

人間は、自然を模倣しようとして、たとえばモノをランダムに配置することを試みる。だが、これが意外と難しい。

古くは、庭木を不等辺三角形の頂点に配する手法や、乱数表やその現代版であるコンピューターが生成するランダマイズ関数を使った配置方法まで、さまざまな人為的な方法が試みられてきたが、どうもしっくりと来ない。原因は、人間はランダムの中にすら意味を見出そうとするのだが、人為的なランダムからはそれを読み取ることはできないからだろう。一方、自然が生み出すナチュラルなパターンからは、小さな合理性の積み重ねが読み取れ、僕らはそこに意味を見出し、納得する。例えば、伝統的な集落の自然に曲がった道からは、地形や雨水の流れ、土地の権利争いや統廃合の痕跡などの重なりが読み取れ、人間が絡みながらもしっくりと来る。

桐朋学園大学調布キャンパス1号館では、2階と地下1階に、大きさが定められたレッスン室を配置し、廊下幅だけを操作して、壁の交点に真っ直ぐに柱を通すという小さな合理的な作業を積み重ねる

ことで、各所で廊下幅が異なる「新しいナチュラル」とでも言える自然なパターンの「生成」を試みた。

BIMの初期導入時は、設計は手描きスケッチから始まり、その後BIMで3Dモデルを「清書」として作成するというプロセスであった。しかし、BIMに慣れると、手描きとBIMを組み合わせた設計へと移行し、例えばBIMのラフモデル上に手描きスケッチを重ねるといった、両者を同等に扱う段階になった。さらに進むと、形状の発生原理を検討し、アルゴリズムを基にBIMで形状を「生成」する段階に至った。またこの段階では、アルゴリズムの考案とBIM生成は渾然一体となり並行して行われるようになった。桐朋学園の設計は、この三段階目のBIMの使用方法から生まれたデザインである。

このドローイングは、柱を通す作業をコンピューテーショナルな方法と人間の手作業で行った後、2階と地下1階の壁をBIMで重ね合わせて上から眺めたもの。このドローイングを見た時、探していた「新しいナチュラル」を生み出せたように思えた。

設計｜日建設計　所在地｜東京都調布市　用途｜音楽大学　構造・階数｜RC造・地下1階、地上2階　延床面積｜5,828.91㎡　竣工年｜2014年

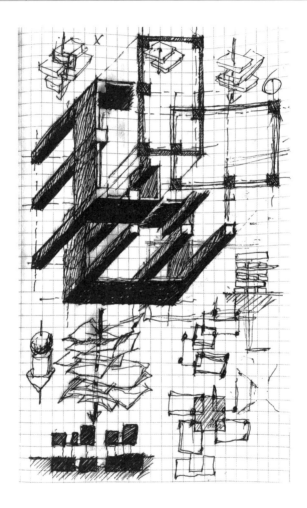

レッスン室（小部屋）、アンサンブル室（中部屋）、学生ホール（大部屋）をいかに組み合わせれば、音楽大学にありがちな同一形状の部屋が立ち並ぶ牢獄にも似た風景から抜け出せるかがテーマだった。1階を学生ホールに、2階をレッスン室に、地下をアンサンブル室に充てるとこまではすぐにたどり着いたのだが……以後、その組み合わせ方で試行錯誤が続いた。

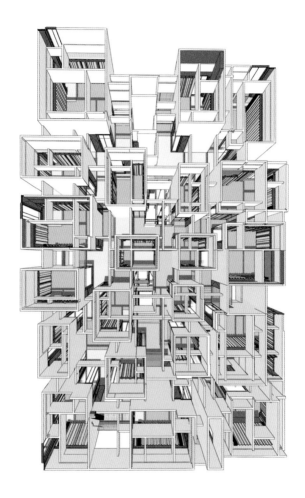

最終的にたどり着いたのは、2階のレッスン室の壁と、地下1階のアンサンブル室の交点に柱を建て、その柱を1階ではピロティ状に露出させ学生ホールを生み出す方法だった。3層の立体に柱をまっ直ぐに通そうとするシンプルなルールの徹底が、各層ごとには極めてナチュラルなランダムさを同時に生み出すという生成的なアルゴリズムの発見につながった。

設計 | 香山アトリエ（現香山建築研究所） 所在地 | 東京都文京区 用途 | 大学（研究室、学生実験室） 構造・階数 | S造・1階
（4階建建物の上に1階増築） 延床面積 | 1795.29㎡ 竣工年 | 1975年

香山壽夫
東京大学工学部6号館屋上増築

素材と形、空間を同時に考える瞬間

工学部建物の屋上増築のための初期のスケッチ。行ったのは今からもう50年も前のことになる。大学卒業から10年経って本郷にもどった時、当時の日本は経済成長の真直中で、東大もキャンパス改造、さらには移転の計画でにぎわっていた。古い建物の価値など顧みない学内世論の中で、建築史の稲垣栄三先生に助けられつつ、「内田ゴシック」の保存再生を目指して屋上増築を提案した時のもの。古い建築を大切に思わないで、どうして大学に知的伝統など存続し得ようか、と先生とふたりで、心の底に怒りをたぎらせつつ取り組んだものである。

既存建物の上部を囲んで立っている擬ゴシック風の尖頭（ピナクル）を、上方に延長するのではうまくいかないことは、すぐにわかった。すでにそれで、ひとつの完成形になっているからだ。それなら、今の形を大切に保ったままで、対比的な形と質感によって、新しい連続性を生み出すべきである。既存の建物の、粗いスクラッチ・タイルのテクスチャーと対比的な滑らかな素材、そして垂直的な分節的構成と対比的な 水平性の強い形態でいくべきではないか。ヨーロッパでの最後の冬を過ごしたパリの屋根裏部屋のかたち、あるいはゴシックのカテドラルの上を覆っていた金属屋根等々を思いかえしつつスタディ・スケッチを繰り返した。

スタディ・スケッチは、当時、常に持ち歩いていた「レモン画翠」のクロッキー用のA4判のスケッチブックに、ペンを用いて描いている。ノンスケールの矩形図だが、縮尺はほぼ20分の1。このくらいの縮尺のスケッチが、私は描いていていちばん楽しい。素材と形、そして空間を、同時にいじっている実感が得られるからだ。

スタディが進んで、これでいけると確信ができたら、形の輪郭だけでなく、テクスチャー、光の濃淡を、しっかり描きこんだ図面を描く。これは、デッサン紙の上に、黒色鉛筆で描くことが多いが、水彩絵具、パステルを用いることもある。この図をしっかり描くことは私にとっては、欠くことのできない大切な作業で、またなんとも楽しい時だ。これをやらないでラフなスケッチのまま、スタッフに渡したりした時は、その建築がしっかり自分のものとなった気持になりない。

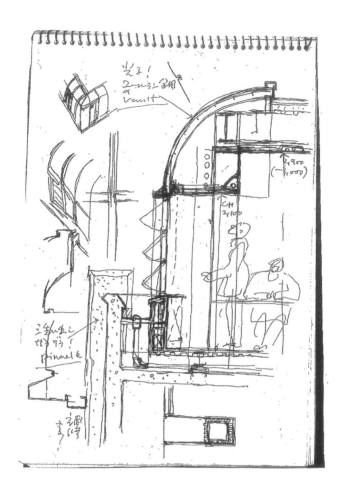

重厚な形、粗いテクスチャーに対して、軽快で、滑らかな素材で向いあう。それぞれの個性を主張しつつ、互に他を尊重し連続する。そして更に構法が単純で、既存建物を使用しつつ、工事可能なこと。そうしたことが、このスケッチで、一挙に獲得できた。

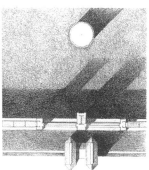

既存の内田ゴシックの粗く重いスクラッチ・タイルの壁に対して、滑らかでかつ重厚なコール
テン鋼のハーフ・ヴォールトの屋根、そしてガラス・ブロックの壁。丁寧に、そして精密に作る。
そのためには、まず、心をこめて描いてみなくてはならない。

五十嵐淳
house vision

新しい「窓」の概念

このプロジェクトは原研哉さんが主催するhouse visionという展覧会の中で、TOTOとYKK APの共同パヴィリオンを家具デザイナーである藤森泰司さんと共同で設計した建物である。

　私は「風除室」という寒冷地への応答と暮らしの慣習から生まれた空間に興味をもち設計活動を続けてきた。「窓」メーカーであるYKK APと議論を重ね、「窓」の「断面」の多様な可能性について考え、窓の構成から改めて考察した。窓は物理的な役割がその構成の決定要素になっているが、内（建築空間）と外（地球空間）の境界である「窓」を「断面空間」として捉え、顕微鏡で覗き込むように注視すると、そこには「縁側」や「軒下」や「風除室」のような「居場所」があることに気付く。それは、内（建築空間）と外（地球空間）を繋ぐのと同時に、「人と建築」を「人と地球」を、そして「人と人」を繋ぐ大切な居場所であり「風除室」へと繋がる思考であった。そこで住宅スケールのドアからリビングルームのような部屋へ入ると、そこには「窓」が設えられていて、その「窓」には「奥行き」があり、多様な「居場所」が存在する、内と外の「あいだ」であり、「家具」と「建築」の「あいだ」のような空間をイメージした。窓の中に入ってゆくと、そこには居場所があり体験する。

　そんな不思議な空間を、リビングを中心に放射状に部屋を配置する平面スケッチと断面の概念を描いた。パヴィリオンであることから入退場の動線や各部屋の大きさ・奥行き・寸法を考慮しながら、より具体的な平面のスケッチを描きつづけた。「窓」の「断面」が多様な「居場所」となることで、単に内（建築空間）と外（地球空間）の「境界」でしかなかった窓が、全く新しい概念に生まれ変わることを体現できるような空間を目指した。

　内から外へ、外から内へ、穏やかなグラデーションをもつ新しい「窓」の概念が生まれるようなイメージのスケッチ。この新しい窓の概念が、既に世界中に蔓延している「窓」に伝染するウイルスのようなアイデアとなり、世界に広がると、地球の状態を刷新できるのではないかと考えた。そんな発明を「良きウイルス」とよび、「良きウイルス」が蔓延した未来の世界を想像しながらのスケッチである。

設計｜五十嵐淳建築設計事務所＋藤森泰司アトリエ　所在地｜東京都江東区　用途｜パヴィリオン
構造・階数｜W造枠組壁構法・地上1階　延床面積｜77.85㎡　竣工年｜2016年

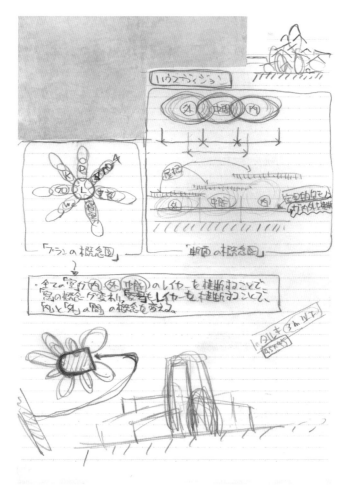

右上の小さなスケッチは外・中間・内の空間が山のように重なるイメージ。中段は平面と断面の概念。下段の左は会場動線からパヴィリオン動線を考慮しつつ全体の向きや個室の向きやバランスをイメージしたもの。下段右は立面の見え方のスケッチ。タル木3m以下のメモ書きはコストを考慮しつつ構造と仕上げを書き留めている。

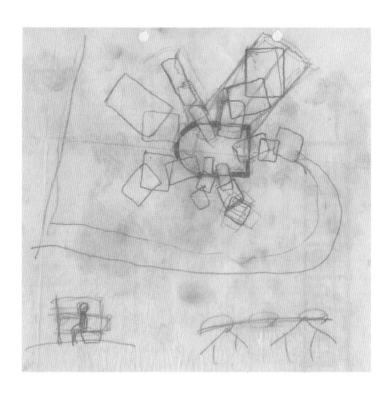

初期の概念スケッチから具体的なスケールをイメージしながら書き留める作業。私は尺寸を基本に今でもスケッチをしていて、このプロジェクトでも同様である。一見ラフに描かれているスケッチに見えるが1820mmの四角い部屋だったり1365mm×2730mmの部屋がズレたり少し重なったりしながら人の居場所が繋がっていく朧げなシーンを妄想しながら平面スケッチを描き綴る。

egota house 設計｜坂本一成研究室、アトリエ・アンド・アイ　所在地｜東京都中野区　用途｜集合住宅　構造・階数｜RC造・地下1階、地上3階　延床面積｜A棟 310.8㎡ B棟 338.5㎡　竣工年｜A棟 2004年 B棟 2013年

Werkbundsiedlung 設計｜坂本一成研究室、アトリエ・アンド・アイ　所在地｜ドイツ・ミュンヘン　用途｜集合住宅　構造・階数｜RC造・地上4〜11階　延床面積｜約48,000㎡　竣工年｜未定

坂本一成
egota house　Werkbundsiedlung

スモール・コンパクト・ユニットとアイランド・プラン

p.077のWerkbundsiedlung München（2005年から設計）のドローイングで示した図版は、2010年に描いたイメージスケッチです。戸建住宅のような単体の建物から複数棟の建物への設計に移行する頃の私の設計コンセプトのイメージがこのスケッチに示されていると思われるものです。

　1980年代までの私共の設計の仕事は、ほぼ全部が住宅で単体の建物。その後から住宅地計画や大型の集合住宅の設計が始まり、全体の計画が複数の建物として成り立つような計画になりますが、そのためにそれ以前の単体の計画とは異なる構成法のコンセプトが必要となりました。そうしたなか2002年に設計が始まったegota houseで初めてその積極的な構成法を認識することになります。それが、「スモール・コンパクト・ユニットとアイランド・プラン」というコンセプトです。

　「スモール・コンパクト・ユニットとアイランド・プラン」とは建物全体を、複数の建物に分割して建物のスケールを抑え、それを島状に分散して敷地に配分するという構成法です。このことは各建物のスケールが減ずることで、建物内部はより外部の環境に接近して向かい合い、また環境を分断して巨大壁が憂鬱に立ち上がる地域環境や都市環境を避ける対応となる、つまり建物を小規模化と分散化で空地、空所を生み出し地域環境に連続した快適化をもたらす構成とするコンセプトです。

　この考え方は都市内の集合住宅のあり方として検討したもので、住宅地計画や住宅団地全体の構成に及び、そして最も明快にこの考えが表現できたのがWerkbundsiedlung Münchenの計画でした。ちなみにこの計画は現在中断していますがこのコンセプトを都市の広域の計画として一般化できると考えたことから、その後の大規模計画では基本的にこの考え方を踏襲して進めており現在進行中のアーバン・デザイン等ではこの考え方が重要な規範となっています。

　ここに示したスケッチは、その後の私の建築の重要なコンセプトのイメージを示したものだと思います。

　ちなみにegota houseは2棟竣工し、残り2棟の計画はあるものの未着工です。Werkbundsiedlung Münchenのパースは、アーバン・デザイン決定時の計画を示しています。

2002年のegota house のコンペ提出時のスケッチ模型。スモール・コンパクト・ユニットとアイランド・プランの考え方を暗示した計画といえる（上）。

2005年のWerkbundsiedlungコンペ提出案の模型。スモール・コンパクト・ユニットとアイランド・プランの考え方を都市の高密度地域で最初に採用した計画である（下）。

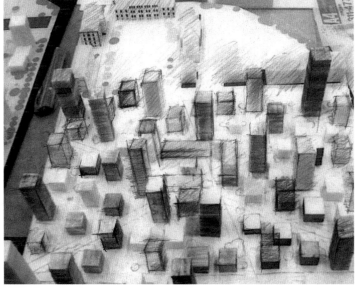

egota house のコンペ時の説明では、「距離のデザイン」と称して、建物内外の距離の重要性を問題としているが、スモール・コンパクト・ユニットとアイランド・プランというコンセプトを明確に示してはいなかった（上）。

その後、Werkbundsiedlungで初めてこのコンセプトが強く意識された（下）。

設計｜大谷弘明　構造設計｜陶器浩一　所在地｜兵庫県神戸市　用途｜専用住宅（夫婦＋娘1人）　構造・階数｜PCa・ポストテンション造、一部RC造・地上3階　延床面積｜76㎡　竣工年｜2003年

photo: 岡本公二

大谷弘明
積層の家（自邸）

絵の積み重ねが建築をつくる

神戸の震災の次の年、1996年に神戸の中心地に10坪の借地権を譲ってもらったことからこの建築の物語は始まる。この時からどのように建てるべきかの試行錯誤がスタートした。とはいえ、勤め先の設計仕事をしつつ、勤務時間外に自宅の構想するのにはかなり無理があった。やっと時間ができても、次の仕事で忙殺された後に、前に描いた自分のスケッチを見返すと「とてもこんなんじゃだめだ」ともうひとりの自分がダメ出しすることが常であり、またイチからやり直し。これをずいぶん長いこと繰り返し続けた。着工までに5年半、竣工までは7年かかり、結局住み始めることが出来たのは2003年4月であった。施主である女房殿をほとほと待たせたことになる。次ページにあるようにこれらスケッチは、移動中などの時間、手帳の空きページに描いていたものがほとんど。小さな敷地だったから100分の1平面がなんとかこの紙面に描けた。

では最終的な構法はどうしたか。敷地境界ぎりぎりに壁を建てるため、構造体を内側から「人力」で組積する方法を思いつく。ダウンサイジングしたプレキャストコンクリートの棒材（50×180の断面で長さは最大3.6m）を互い違いに校倉造のように積み重ね、その重なるところに縦の鋼棒を通してポストテンションをかける。この構法の可能性に賭けることを決意した結果、自業自得で建設費は普通の住宅2軒分にもなった。

スケッチの束を見返してみてつくづく思うのは、これらが思考の軌跡というような格好の良さとは無縁であることだ。むしろ「業」の深さというべきだろう。よくもこんなに堂々巡りしてまでスケッチを続けるものだと嫌になる。日々の設計業務であってもこの状態はほぼ同じで（締め切りが来るまでは）こんなはずではない、もっとよくなる、と念じながら手を動かしてしまう。設計チームの考えた案を紙に打ち出して、修正液（白いペンとして使う）とサインペンと色鉛筆で上書き（上塗りというべきか）しながら、どうしたらすっきりするかをまず「試してみる」。頭で考えたものをスケッチにするというよりも、手が描いたスケッチを自分の目で「確かめる」というのがニュアンスとして正しい。見えているものの良し悪しを瞬時に取捨選択していく、と言いかえてもよい。だから自分は、観念的・理論的な思考訓練は大いに苦手と言わざるを得ない。

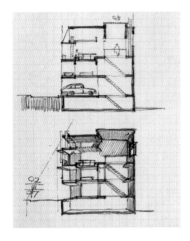

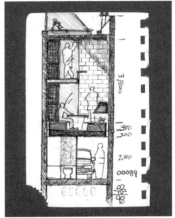

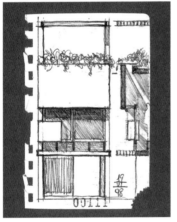

この狭小地に建てるためには、最初は、コンクリートブロック型枠兼用現場打RC造とするしかないかと思っていた。敷地間口が3.5mしかなく、隣地境界「ぎりぎり」に壁を立てなければ内法寸法が絶望的となるからだ。この点で型枠を外さなくてはならないRC造は不適だった。またこのころはまだ愛車を入れる車庫を1階に確保しなければとの強迫観念もあった。日付は1997年から1998年、この時点ですでに設計を始めて2年以上が経過中。

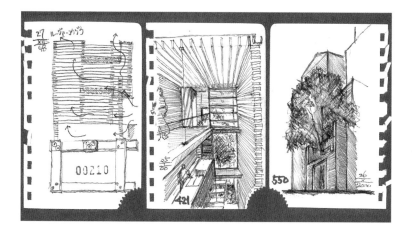

左の絵がコンクリートの積層のアイデアを思いついたときの記念すべきスケッチ。日付は
1998年12月27日。構造家の陶器浩一さんと会話しながら描いた絵。

中ほどの絵は内部空間のスケッチで日付は2000年1月5日。この頃までに昔からの親友に
「車の所有をあきらめろ」と諭されたこともあり、ピロティを作る必要がなくなり、内部はワン
ルーム空間で流動的となり、空間の容積（体積）は大幅に増えた。

右の絵はファサードの壁位置をわざわざ後退させ、大きな樹を植えるスペースをつくり、道
路にその枝を張り出させている。狭い敷地をすこしでも広く見せるアイデア。日付は2000年
10月26日。 工事着工は結果的に2002年2月になったので、まだこれから2年を要すことに
なる。

金箱温春
青森県立美術館

構造のストーリーとルールを描く

構造設計は、建築家から依頼を受けてプロジェクトが始まることがほとんどであるが、どのような建築を目指すのかを理解することと、そのプロジェクトによって構造としてどのようなストーリーが描けたかを大事にすることにしている。

青木淳さんから青森県立美術館のプロポーザルで協力依頼を受け、"土のトレンチに上から人工的な構築物を被せて、隙間を展示室にする"という命題を聞いたときは、一体どのような構造にすることがよいのか考えあぐねた。ヒアリングの時には建築の造形に合わせてトラスが縦横無尽に並ぶ骨組み模型をつくって臨み、構造の説明を行ったが、設計が始まってからはそのまま複雑な構造をつくるのではなく、構造の組み立て方をルール化することができないだろうかと思案した。

基本設計が始まったころに通常の建築とは異なり屋根から下に向かって構成する構造を考えてみた。強固な屋根をつくってそこから床を吊り下げ、ボリュームが増えたらトラスで補強するというルールをつくった。"コアユニット""ルーフマトリックス""ウォールガーダー""フロアユニット"などと名称を付け、構造をつくっていく概念とした。

建築デザインが詳細に詰められていくと、単純な概念で解けるようなものではなく平面もレベルも複雑である。そこで実際の建築でこの概念を展開するために簡易な構造模型によって検討した。これは立体軸組図と呼んでいたものでボリューム模型のそれぞれの面に骨組みを描いたものである。青木事務所との打ち合わせでは、模型を切ったり貼ったりして各部を検討し決めていた構造のルールをよりどころとして判断していった。

そのようにして建築デザインと構造体の適切な関係を見出し、基本設計の最終段階で骨組み模型をつくった。実施設計では若干の調整があったが、架構の基本的な構成はこの模型がベースとなっている。

複雑な加工であるがゆえに接合ディテールを統一することも重要なルールであった。

建築設計｜青木淳建築計画事務所（現：AS）　構造設計｜金箱構造設計事務所　所在地｜青森県青森市　用途｜美術館　構造・階数｜S造＋SRC造・地下2階、地上3階　延床面積｜21,133㎡　竣工年｜2005年

せい 1.5m のトラス.
3m グリッド.

SRC.

H-500

H-500

基本的に せい 500 の梁.
スパンに応じて梁ピッチで変える.

コンペ時には、「土を掘り込んだトレンチがあって、その上を平面的な広がりを持った鉄骨造の橋梁のような構造体で覆う」ということで架構を考えた (左下)。設計が始まり、架構を形成していくためのルール作りを模索し (上)、ラフな構造模型も用いて建築計画とすり合わせた (右下)。

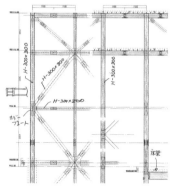

最終的には、床の支持方法、ウォールガーダーの配置などを踏まえて架構模型で部材配置を決定した（上）。複雑な架構で大規模建築であることを考慮し、部材寸法やディテールをなるべく統一した。柱ブレース、梁を全てH形鋼を用い、ディテールを単純化した。

設計｜原田真宏＋原田麻魚／MOUNT FUJI ARCHITECTS STUDIO　所在地｜静岡県焼津市　用途｜陶芸アトリエ　構造・階数｜W造・地上1階　延床面積｜16.74㎡　竣工年｜2003年　photo: MOUNT FUJI ARCHITECTS STUDIO

原田真宏
XXXX

ジオメトリへ、結晶化する時

18年前のスケッチだ。文化庁の海外派遣が終わって、バルセロナから帰ってきた頃。そろそろ自分で建築を始めようかと思って日本に戻ったけれど、すぐに素晴らしい案件が待ち構えているわけもなかった。そんな宙ぶらりんな時期に父親から趣味で始めた陶芸のアトリエをつくってくれと頼まれた。予算は仕事で使おうと考えていたカローラ1台分で、150万円。極小の予算ではある。しかし、これしかやることもないのだから、とことん楽しもうと考えた。

そんなわけで、「自動車に負けない」をモットーにプロジェクトはスタートした。この金額で引き受けてくれる工務店は当然ないのだから、セルフビルド。構造設計者にも頼めない。材料だって多くは買えないし、素人だから建設重機だって使えない。しかし、仕事の船の設計以外、ずっと無趣味であった父が初めて見つけた趣味の空間だから、可能な限り良いものをプレゼントしたい。

そんな現実の厳しい制約と高い理想を同時に解決する方法として見出したのが、ここに描かれた左右に振れた平行四辺形を交互につなぎ合わせるジオメトリである。接合部にトラスが生まれ

る強い形。強い形ゆえに少ない材料だから軽く手で扱えて、重機もいらない。トラスの三角形は明かり取りになり、作陶の手元を明るくしてもくれるだろう。ホームセンターで見つけたコンパネはサブロク板1枚680円だったから、これを張り合わせればいい。生まれた建築はその形態から「XXXX」と名付けられ、SD reviewでグランプリをもらい、建築家としてデビューできた。

分野を問わずデビュー作には作家の未来が全て詰まっていると言われるが、構造・構法・環境・材料、そして空間性など全ての要素を一太刀で解くジオメトリという、私たちのスタイルはこの時に定まったのかもしれない。そして、そこには今と変わらず、確かなつくる喜びがある。

最初のスケッチは畏れ多くも柳宗悦の『手仕事の日本』の表紙に描いていた。彼の提唱した民藝の美は環境条件の中での必然の形にあったが、その哲学が「XXXX」を呼んだのだろうか。この18年後、その民藝運動揺籃の地である益子町につくった建築で評価を受けることになった。

それは偶然なのか、必然なのか、分からない。

正月に帰省し、両親から陶芸アトリエの相談を受けた帰りの新幹線で、ちょうど読んでいた岩波文庫の『手仕事の日本』に描いた最初のスケッチ。表表紙ではV字型だったトラスが、裏表紙ではX字型に進化している。パネル同士の接合方式をダボとすることや、規格材を千鳥状に割り付けるなど、構造や構法のアイディアが初期スケッチに含まれていることが分かる。

『手仕事の日本』のスケッチを描いて数日後の就寝時、ガバッと起き出して作った模型。建築の秩序=ジオメトリへの結晶化が起こる瞬間はいつ訪れるかわからないから、その時にすぐに摑んでしまう必要がある。プロジェクトに関する情報の蓄積がある量を超え、かつ、日常の認知のフレームが緩んだ時（油断した時）、結晶化が起こるようだ。

上：メインアリーナ内観（大会時）　下左：正面外観　下右：飛び込み台

設計｜東京都財務局建築保全部オリンピック・パラリンピック施設整備課　基本設計・DBアドバイザリー・工事監理｜山下設計　基本設計協力事務所｜Arup 丹下都市建築設計　実施設計｜大林・東光・エルゴ・東熱異種特定建設共同企業体 昭和設計　所在地｜東京都江東区辰巳2-2-1　主用途｜水泳場　構造・階数｜S造（一部、SRC造、RC造）屋根免震構造・地下1階 地上4階　延床面積｜新築時 64,404.68㎡ 改修後 50,692.05㎡　施工｜(新築工事)大林・東光・エルゴ・東熱異種特定建設共同企業体（改修工事)清水建設　竣工年｜(新築工事) 2020年2月 (改修工事) 2023年2月

photo: 東京都提供（写真は2020年3月 新築工事完了時点）

山下設計（基本設計）＋Arup（基本設計協力事務所）
東京アクアティクスセンター

「どう建築するか」から生まれた「リフトアップ」と
「4本柱＋フラットルーフ」と「屋根免震（＝マスダンパー）」

プロポーザル時点で求められていた設計内容は、「大会時2万席から大会後5千席にする提案」であった。当初、これが一体何を意図しているのか、ピンとこなかった。このような時は、過去の事例に学ぶのが一番である。

早速調べてみると、近年のオリンピック・パラリンピック水泳競技施設においては、大会後の集客力減少を見据えて、大会後に座席数を減らすというのが定石になっていることがわかった。例えば、2008年大会の「北京国家水泳センター」では、客席の一部を多目的室に変更することで客席数を1.7万席から6千席に減じている。この場合、全体ボリュームを変えていないので、維持管理費に大差はなさそうである。また、2012年の「ロンドン・アクアティクス・センター」では、巨大な仮設席を設け、それを撤去することで客席数を1.75万席から2.5千席に減じている。こちらの場合は、大会後を優先して天井高さを決めていたため、大会時には天井が低過ぎるという声もあったようだ。

いずれも、ユニークな方法で座席数を減じているものの、一長一短あり、その理由が大会前後のどちらを優先して空間ボリュームや天井高さを決めたかによると理解できた。そのことが解決への大きな足掛かりとなった。2万席には2万席の規模にふさわしい空間ボリュームと天井高さがあるし、5千席には5千席にふさわしい「それ」がある。ならば、大会時には屋根が高い位置にあって、大会後には低い位置にあれば良い。そんな発想から「屋根を上下させる案」が生まれた。大会前後のいずれにおいても最適な空間を構築でき、カーボンフットプリントを最小化できる。屋根を上下させる際、屋根が複雑な形をしていたり、柱がたくさんあったりすると、施工が難しくなる。そこで、柱の数は最小限の4本とし、屋根は最もシンプルなフラットルーフとするアイデアにたどり着いた。

さらに、このアイデアは屋根免震との相性がとてもよく、屋根を免震化しマスダンパーとして効かせ、より合理的に建物全体を地震から守ることができると考えた。

（Arup 柴田育秀）

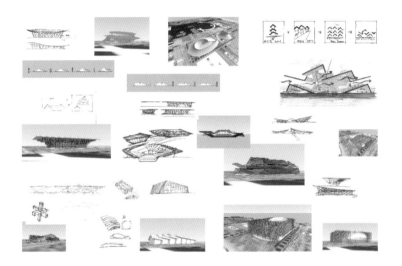

プロポーザル技術提案書作成時の検討初期スタディスケッチ

プロポーザル技術提案書作成時の検討初期スタディ案：「ながれ」「そり・むくり」「小屋組み」

プロポーザル技術提案書作成時の初期段階、さまざまな案をスタディした。しかしながら、この段階においては、プロポーザル時に求められていた「大会時2万席から大会後5千席にする提案」への最適な解決策を見出すことはできなかった。

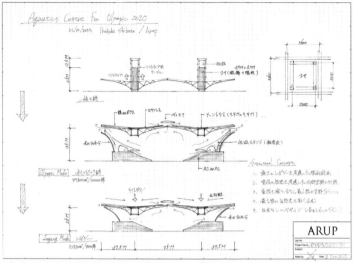

プロポーザル技術提案書検討時に事例調査を踏まえて立案した「屋根を上下させる案」スケッチ

基本設計時のメインフレーム図

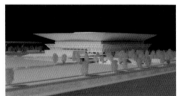

基本設計時のスタディ模型

事例調査を踏まえて、「屋根を上下させる案」に辿り着いた。その後、実施設計時、与条件が大会時約2万席から約1.5万席に変更。大会後のリフトダウンは、大会後の減築が中止となったことで実施しないこととなった。しかしながら、この時に構想した「リフトアップ」と「4本柱＋フラットルーフ」は実現され、多くのメリットを生むこととなった。

伊東豊雄
中野本町の家

軸線が消えた瞬間

このスケッチは私の最初期の作品、「中野本町の家」のプランスタディ中のものである。当時プランは日々変わり続けていて、このスケッチもその中の1枚に過ぎない。しかしこのスケッチによって「中野本町」の空間は大きく変わった。それだけではない。その後の私の建築に対する概念が変わった、といっても言い過ぎではない。それ程重要な意味がこの1枚のスケッチから生まれた。

何故なら前日までU字型平面の中央には対称形を示す強い軸線が存在していた。エントランスは中央の軸線上にあり、正面には庭の空間が広がっていた。「中野本町」以前の作品、「千ヶ滝の山荘」や「黒の回帰」も軸が明確に存在していて、軸の中央にエントランスが設けられている。

しかし軸の存在によって「中野本町の家」ではU字型の曲線部分が2つに分断されることに納得がいかなかった。そこでこのスケッチでは思い切ってエントランスを曲線部の端に寄せてみたのである。その瞬間対称形は消え、空間は回り始めた。回遊する空間へと変わったのである。大袈裟に言えば、西欧的なシンメトリーの空間から、日本的な回遊式庭園のような空間へと変換されたのである。その後の内部は、上方やコートヤードからの自然光によって変化に富んだ空間が実現した。

この時以来、回遊式庭園を巡るようにエレメントとエレメントを結ぶシークエンスでつくられる空間は、私の身体的思考の根底をなすに到った。以降の自身の空間を発見できたのである。

今日に到るまでこうした空間への志向は変わることなく持続している。「せんだいメディアテーク」や「台中国家歌劇院」においてもシークエンスによって空間を考える思考は変わらない。たった1枚のスケッチがじつに大きな発見をもたらした。

設計｜伊東豊雄建築設計事務所　所在地｜東京都中野区　用途｜住宅（母＋子ども2人）　構造・階数｜RC造・地上1階　延床面積｜148.25㎡　竣工年｜1976年

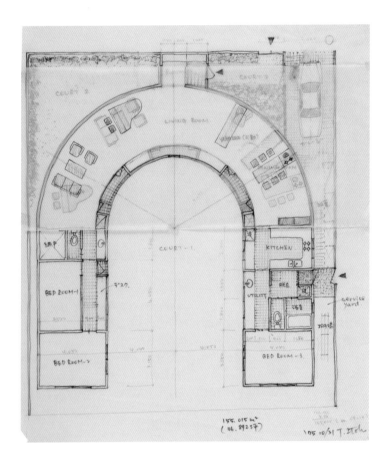

「中野本町の家」以前の「千ヶ滝の山荘」「黒の回帰」などは、いずれも中央に軸線が通っている。この設計においても、U字型に変わってから中央に軸線を通してシンメトリーを形成していた。エントランスも中央に置かれ、正面の開口から庭が開けて見えるようなプランとなっている。

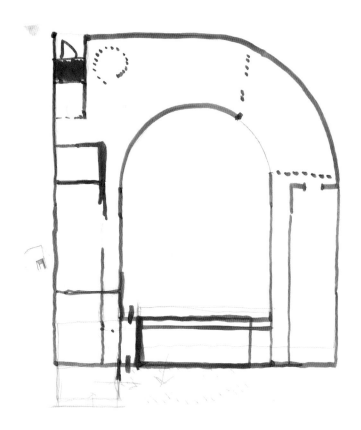

このスケッチが描かれるまで中央の軸線上にエントランスがあり、正面の開口を通してコートヤードが見通せるはずであった。しかし曲面で構成される空間が左右に分断されてしまうことが惜しまれ、思い切ってエントランスを左端に寄せたのがこのスケッチである。このスケッチでは玄関脇にコーナーがあったが、その後直ちに曲線のみの空間に変更された。

photo: 佐々島健

畝森泰行
Small House

断面への集中から見えてきた環境と結びつくスケール

独立して最初の仕事がこの小さな住宅だった。わずか34㎡の敷地に建つ冷蔵庫を大きくしたようなこの住宅は、周囲から距離を取るその孤立的、自律的な建ち方とは裏腹に、最後まで悩みながら設計していたように思う。

初めて敷地に訪れた時、その狭さや条件の厳しさからほとんど何もできないように感じた。独立当初の勢いでスタディを始めてみたものの、程なくして行き詰まり、部屋の配列や形態の操作をいくらやりくりしてもその窮屈さから抜け出すことは難しかった。そのため、ある時から平面の検討を半ばあきらめ、断面に集中することを試みる。何度かスタディを繰り返すなか、天空率を使って縦に高くする今のような案が出てきたのである。

あえて平面を小さくし、周囲に空地をつくる代わりに床を上に重ねる。およそ地上9mまで立ち上げたヴォリュームのなかに、なるべくたくさんの床をつくろうと思った。それぞれのフロアに異なる個性が生まれ、高さ方向の変化や隣家も含めた周辺の違いによって生活のバリエーションが増えると期待したのであり、それはプランや機能によって決まるのではない、スケールの大小や環境の変化に沿って生まれる自然な豊かさだと思った。

結局、この多床案は、法規的な制限もあって実現することは叶わなかった。けれど何か自分の奥底に引っかかるようにその後もずっと残っていく。一方、最後までこの住宅に確信を持つことができなかった私は、ひたすら構造やディテールを詰めていくことに向かっていた。

竣工後、初冬の頃にこの住宅に訪れると、施主は寝室としてつくった地階ではなく、上階のスペアルームに布団を広げていた。夏は涼しい地階で寝て、寒くなると家族で上に移動する。季節や気候に応じて動く、まるで動物のようなその暮らしを知った時、朧げだった理念と現実が重なったような不思議な感覚を抱いたのであり、今思うとその経験は私にとって大変大きなものだった。

設計│畝森泰行建築設計事務所　所在地│東京都　用途│専用住宅（夫婦+子ども1人）　構造・階数│S造・地下1階、地上4階　延床面積│67.34㎡　竣工年│2010年

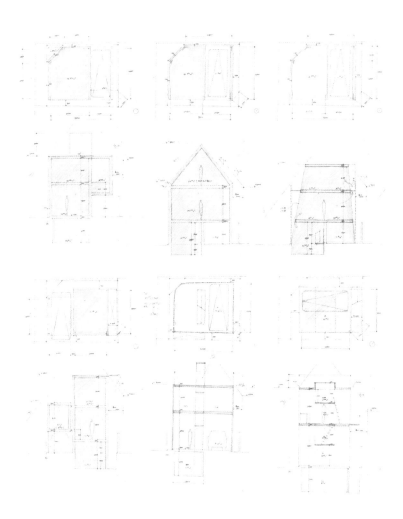

初期のスタディ。平面と断面を同時に、またいつも寸法を書きながらいろいろな可能性を模索していた。

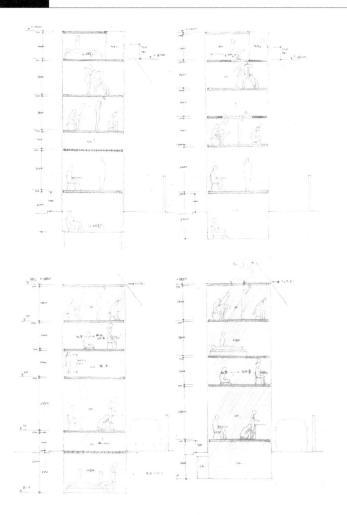

細い縦長のヴォリュームのなか、断面に絞ったスタディを繰り返した。床を多く設け、さまざまな天井高の階をつくる。極端に低い階も含めて高さの違いやその行為を関係づけながら生活のバリエーションを増やすことができないかと考えた。そうすることで、その差異がもたらす環境との応答を意識するようになった。

photo: Koji Fujii / TOREAL

前田圭介
こどもえんつくし ダイニングホール棟
forestaカランころ

領域が変化する森のような居場所

広島県福山市の私のアトリエから程近い場所に、1978年の開園より40数年を迎える今日まで、地域と共に歴史を刻みながら幾度かの増改築を経てきたこども園がある。周辺は住宅やアパートが建ち並ぶ住宅街である一方、里道や水路、田畑が今も残り、かつては農家が多くあったことがうかがえる地域である。

2009年にわが子をこの園に預けていたことがきっかけで、2012年に乳児棟の「Peanuts」を手掛けさせていただいた。それから6年の歳月を経た2018年に園の敷地を拡張したことで増築計画が持ち上がり再び設計の機会を得た。

子どもの増員や設備機器の老朽化に伴い既存園舎から給食室と4・5歳児室を移設する機会とあわせて40名程度の子どもや先生、保護者、周辺住民が一度に集まることができるダイニングホールが求められた。そこで子どもたちの好奇心や楽しさが溢れる空間をつくりたいと思い、スタディを繰り返す中で描いていたスケッチの1枚である。

ダイニングホールはいかなる行為にも対応できる無柱のがらんどう空間ではなく、柱・梁のグリッドによる建築的強度を持ちながらも、子どもたちにとって自由で拡がりが感じられる居場所を考えたかった。そこで3.5mグリッドに45°の角度を振った末広がりの十字柱・梁による、水平・垂直方向への視界深度の変化がグラデーショナルな身体的距離感を生み出す空間とした。また、それらを取り巻く有機的な家具やランドスケープが緩やかに内外を接続し、子どもから大人まで移動における空間領域の変容を体験することができる。

おおらかな空間でありながらも秩序と可変性をもつ空間が子どもたちへ日常とは異なる創造性を与え、特別な体験として記憶に残り続けることを期待したものである。

昨今のスクラップアンドビルドによって刷新される園舎とは異なり、敷地内にさまざまな年代に建てられた建物が混在する小さなまちのようなこの園舎は、環境の一部として地域の人々に親しまれながら、未来を担う子どもたちの創造力の一翼を担っていけることを願っている。

設計｜UID　所在地｜広島県福山市　用途｜幼保連携型設定こども園　構造・階数｜S造・地上2階
延床面積｜782.05㎡　竣工年｜2020年

TYPE1. ワンルームモデル

TYPE2. グリッドモデル

TYPE3. グリッド分割モデル

TYPE4. 十字末広がりモデル

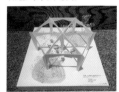

TYPE5. 三つ叉・六つ叉柱モデル

TYPE6. 十字逆末広がりモデル

最初期のイメージスケッチ（上図）：住宅街に囲まれた敷地に対して、地域のシンボルになる塔のようなダイニングホールのイメージ。

柱による空間の検討モデル（下図）：グリッドにおける空間の質を模索していった。いかなる行為にも対応できるがらんどうの空間ではなく、柱と梁による建築的強度を持ったリジットな形式でありながら多方向へ広がりのある領域性を考えた。

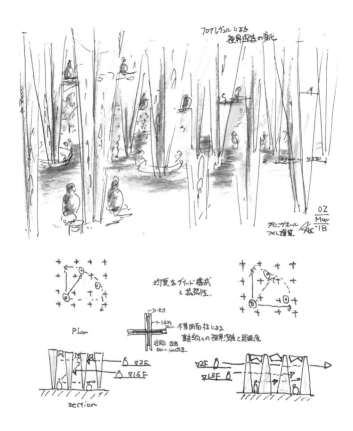

食という日常の一場面だけではなく、さまざまな用途に応じることのできる「ルームではない広がりを創造させる新たなダイニングホール」を計画。3.5mグリッドに45°の角度を振った末広がりの十字柱・梁を配した。水平・垂直方向への視界深度のグラデーショナルな変化による身体的領域をつくりだすことで、子どもから大人まで移動に伴う遮蔽縁の効果により空間領域の解像度が変容していく。

長谷川豪
経堂の住宅

夢のような現実

「これで行こう!」となったときのスケッチあるいは模型写真を提供して、それについて書いてほしいと依頼されたので、これまでの仕事を振り返り、しばらく考えてみたのだが、設計するなかで「これで行こう!」となった記憶がなくて困った。坂牛さんが今回のインタビューのなかで訊いてくださった、僕が初めて書いた著作を久しぶりに読み返してみたらこんなことを書いていた。

　設計の最初のほうでバシッとよい案が決まればどんなに楽だろうとも思うが、たぶんそんなに甘いものではない。次第にそのプロジェクトでやるべきことが見えてきて、ゆっくりと視界が明瞭になっていく感覚が僕の設計ではとても重要だ。ちょっと油断するとつい自分たちのアイデアに寄りかかってしまう。そうなると取り返しがつかない。だから不安と隣り合わせでいないといけない。ああでもないこうでもないと自分自身を振り回して不安を感じながら、拘束を引き受けたり外したりして試してみながら、その建築のリアリティを繰り返し問い直すことが大切なのだと思っている。

（『考えること、建築すること、生きること』
　LIXIL出版、2011年）

　こうした考えは10年経った今も変わらない。いわば「これで行こう!」がない設計を心がけてきたと言っていいかもしれない。

　では「建築が生まれた」と感じるのは、どんなときか。

　自分でもだいぶ遅い気もするが、やはり、上棟したときだろう。それまで図面や模型で散々検討を積み重ねた空間の輪郭がスカイラインに立ち現れようとするとき、強い緊張と興奮が走る。それは設計という長い夢が醒める瞬間の緊張かもしれない。夢のような現実を目撃する興奮かもしれない。

　p.109は「経堂の住宅」の薄い鉄板の屋根がそっと載せられて上棟した数分後の写真。鉄板に光と周囲の風景が反射して、屋根のエッジが消失しているのを目の当たりにしたとき、「建築が生まれた」と感じた。

設計｜長谷川豪建築設計事務所　所在地｜東京都世田谷区　用途｜専用住宅（夫婦2人）　構造・階数｜W造・地上2階　延床面積｜67.90㎡　竣工年｜2011年

キーストンプレートを鉄板で挟んだ30mmのサンドイッチパネルで薄い屋根をつくる。下面の鉄板がそのまま軒天井になるため溶接の仕上がりに不安を残したまま着工したのだが、鉄骨工場に打合せに行くと、すでにモックアップが用意されていた。職人さんの前向きな姿勢とその仕上がりに、大野さんと感激した。

鉄板サンドイッチパネルをクレーンで吊り下げ1枚ずつ静かに置いていく。高い精度を要求するディテールだったため、建て方は最後まで緊張した。足場から2階に上がって振り返るとこの風景。大きな模型を毎日覗いて想像していたが、光が反射して屋根の輪郭が消失し周囲に溶け込んでいく様は、想像以上だった。

中村拓志
Optical Glass House

堆積し続ける建築

建築が生まれる時はいつだろう。みずみずしい感性がほとばしる、抽象的なスケッチが生まれた瞬間だろうか。僕にとってそれは建築家が創造主のようで、気恥ずかしい。それにスケッチが建築の誕生だとしたら、設計が進むにつれて、さまざまな要望で建築がどんどん不純になっていくから、辛いのではないか。

あるいは建物の竣工を建築の生誕と考える説もあるだろう。人が入り、生きられた建築となる時だ。もっともな話だが、まだ違和感がある。いっそのこと、建築家は建築生誕の瞬間に立ち会えないと考えるのはどうだろう。

空間は光によって現れるから、僕は光のあり方の設計に大きなエネルギーを割いている。躯体が立ち上がり、建物が完成し、人に使われ、やがて人が去り廃墟になったとしても、季節や時間帯によって変わる太陽やそれを遮る雲、風にそよぐ枝葉によって光は刻々と変わり、その都度、建築は生まれ変わり続けている。

一方で、設計に取りかかる前から、すでに建築は生まれているようにも感じる。発注者の頭の中や使い手のイメージ、過去の歴史や文化、地形や環境が自ずと導く姿として、すでに建築は朧げながらも存在しているのではないか。

設計とは、それらの存在を統合し、問題や矛盾を解消しながら、現代に適した形で取りまとめる行為である。そう考えることで、僕は謙虚に、場所や市井の人々が発する声に耳を澄ませることができる。

つまり建築家がそこに呼ばれる前から、建築はすでに生まれていて、ものとして完成後も刻々と建築は生まれ変わり続けているのだ。敷地を白紙と見立てて、周辺環境すら描かれていない外観スケッチを「建築のはじまり」とする観念から自由になること。それは過去や人々の営みを肯定し、今ある世界の美しさを発見するための、能動的かつ創造的な行為のはじまりだ

建築とは川の上流から小さな砂が運ばれてきて堆積し続ける、砂地のようなものだ。はじまりもなく、終わりもない。

設計｜中村拓志&NAP建築設計事務所　所在地｜広島県　用途｜住宅　構造・階数｜RC造・地上3階　延床面積｜363.51㎡　竣工年｜2012年

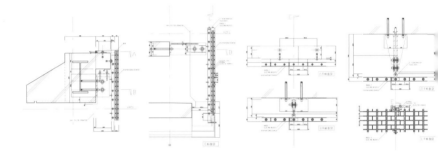

周囲には高層ビルが建ち並び、8車線の前面道路には車や路面電車が行き交う。プライバシーを守るために道路側に前庭と重量のある無垢の光学ガラスのファサードを設けて、静謐な空間をつくろうと考えた。6,000個の光学ガラスはキャスト法で製作。収縮時に起こる表面の皺はプライバシー確保に寄与すると考えた。ただし8.6m×8.6mのファサードは奥行き50mmで13tの重量があり、組積造で自立させることは不可能だった。

プレテンションを与えたSRC梁からガラスブロックを吊ることにした。まず74本のSUSボルトを吊るし、ステンレスのフラットバー（40mm×4mm）の水平部材を互い違いに通して剛性を高めた。その水平部材を目地の中に隠すためガラスを彫り込むことで、6mmの目地幅以外は余計な支持材が一切見えない透明なファサードが生まれた。ガラスの向こうで電車や車が音もなく行き交い、滲んだ風景が生活を彩っている。

photo: Nacasa & Partners Inc.

永山祐子
東急歌舞伎町タワー

"建築がどうそこにあるか" 表層から考える

歌舞伎町の「新宿TOKYU MILANO再開発計画」、超高層を覆うガラス面に施すセラミック印刷のパターンのスタディである。

「新時代のグランドホテル」のコンセプトのもと、ホテル、商業、エンターテインメントに特化して構成されており、超高層ではあまり類をみない。通常、超高層というと、オフィスで構成されていることから権力とパワーの象徴として力強いシンボリックな形状のものが多いが、ここでは噴水のように形が定まらない捉えどころのない柔らかな形状にしたいと考えた。もともと歌舞伎町は沼地であり、今も弁天様が祀られている。さらにこの場所は戦後復興を民間の手で成し遂げた場所であり、人々の強い思いが原動力となり水が吹き上げるイメージと重なった。もともとシネシティ広場にあった今はなき噴水の復活でもある。ファサードはオフィスビルのようなソリッドな表情ではなく、人の気配を感じるようなものにしたいと考えた。

グランドホテルのイメージからヒューマンスケールのアーチ窓のパターンが並ぶ姿を表現することとした。このアーチは水の伝統紋様の青海波の意味も込めている。

このアーチ窓を幻影のようにガラスの表面に滲むような表現としたいと考えており、さまざま検討している。ガラス表面に施されたグラデーションの窓は、近くで見るとさらに細かな文様で構成されている。建物のコンセプトである噴水から水を想起させるような文様をさまざま試した。遠景、近景、それぞれに適した文様を探すのはなかなか難儀である。しかし、階層ごとに異なる肌理を持つことによりファサード表現に奥行きを与え、人の感覚に訴えかけることができるのではないかと考えている。

表層の問題は建築の本質的な問題と切り離され装飾として片付けられてしまうこともあるが、"建築がどうそこにあるか"は、超高層であっても、わずか何ミクロンの表層の世界で左右される。だからこの巨大な建築の表層を考えるのに、ミリ単位の調整を繰り返したのである。

設計｜久米設計・東急設計コンサルタント・永山祐子建築設計（外装デザイン）　所在地｜東京都新宿区　用途｜ホテル・劇場・映画館・店舗・駐車場など　構造・階数｜S造 一部SRC造、RC造・地下5階、地上48階、塔屋1階　延床面積｜87,044.34㎡　竣工年｜2023年

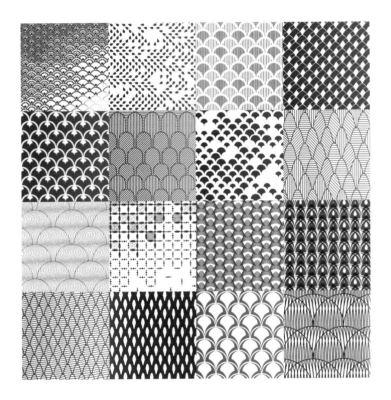

青海波をモチーフにしたオリジナルのパターンのデザインの案。遠景での都市のスケールと
室内側からのヒューマンスケールの見え方のバランスで最終決定した。

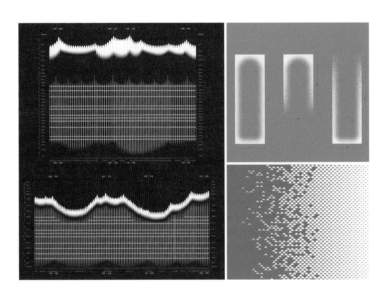

水の波形をイメージした細かいパターンをガラス外部表面にセラミック印刷し、水飛沫のような白色で全体に更に大きなグラデーションによるアーチ型のパターンを描いた。カーテンウォールは277版のセラミックプリントを施した約4,000枚のガラスからなる自由曲線の流れるような全体像をハンコで描いていくような作業だ。各部屋のこまやかな条件によってグラフィックの入れ方をコントロールしているため、すべての階の平面と照らし合わせながら、立面にそれを投影していく作業であった。そのため、全ての版は内製することとなった。細かい紋様は製作限界を超えた1mm以下の表現が実現した。

小堀哲夫
NICCA INNOVATION CENTER

バリで出会った透ける布

内部空間の構成は決まった。けれども、ファサードがなかなか決まらない。

街に受け入れられる、日華化学のアイデンティティーとしたい。実験室のドラフト配管は隠したい。東側に広がる白山連峰が実験室から見えるためにブラインドを設置したくないが、東向きの直射を実験室には入れたくない。ローコストでつくらなければならない……。

そうこうしているうちに正月休みになった。正月は家族とバリ島に滞在していたが、もやもやしながら過ごしていた。元旦、街を歩いていると、そこでふと目を奪われた透ける布……。バリ島の伝統的な布であるシルクバティックだ。南国の光を柔らかに透過するシルクバティックを見て、ハッとひらめいた。そのイメージが鮮明なうちに一気に描き上げたのが、p.121 AFTERのスケッチである。

そもそも福井は繊維の街であり、日華化学は繊維加工の界面化学メーカーである。さらにもう1つのイメージソースとなったのが、福井の「羽二重織」だ。「羽二重」とは撚りのない縦糸と緯糸を使った織物のこと。細く仕上げたアルミルーバーを繊維のように縦糸と緯糸を重ね合わせることで面剛性を高め、それと同時に下地鉄骨が不要となり、かつ、菱形に交差させることで、東日の日射を防ぐことができるのでは!! つまり、自分が抱えていた課題要件すべてが一瞬にして解決されるのである。

今は、そのファサードがNICCA INNOVATION CENTERだけでなく、街の顔にもなっている。細いアルミルーバーは、1つだけでは頼りないものだが、いくつも折り重なることで力強さを獲得。大胆にして繊細な表情は、まさしく丈夫でありながら柔らかさを併せ持つ羽二重織と同じである。繊維のように織り成す様は、日華化学のこれから始まる働き方そのものであると思った。

設計｜小堀哲夫建築設計事務所　所在地｜福井県福井市　用途｜研究施設　構造・階数｜SRC造、S造・地上4階　延床面積｜7,496㎡　竣工年｜2017年

いまや日本海側は「裏日本」と呼ばれているが、大陸に一番近いことからかつては「表日本」と呼ばれていた。大陸から繊維や越前和紙が伝来し、豊かな日本の地形から繊維産業は発展、さらに北前船が日本の経済を豊かにした。設計を進めつつ、その歴史を調べていた。写真上は、福井の「はたや記念館ゆめおーれ勝山」で展示されていた機織り機である。製織の様は単純に美しいと感じた。写真下は、ファサードのアイデアを決定づけた、バリ島への旅での一枚である。機織り機からは美しい製織を学んだが、光を柔らかに透過するシルクバティックからも大いにインスピレーションを受けた。最終的に、福井の名産「羽二重織」をソースにファサードを決定していった。

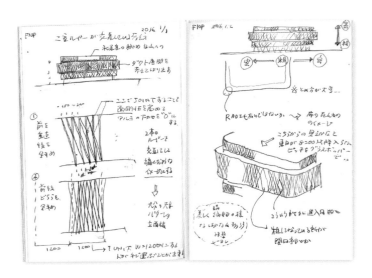

問題となったのは、東側に広がる白山連峰を見せたいが、実験室には直射日光は入れたくない。しかし5m以上あるアルミルーバーを作ると下地にコストがかかってしまう。さらに透けるようなイメージも持たせたいし、繊維のように繊細に見せたい…。そこで、経糸と緯糸が交差する羽二重織のように、細い縦ルーバーの背面に斜めのルーバーを設置することで面剛性を高め、同時に下地鉄骨は不要となった。無事に問題を解決することができ、羽二重織のように繊細かつ立体的で奥行きのある表情をつくることができた。性格上、自分の足で探しに行くことで何かが生まれることが多い。異邦人になって全く違う空間に身を置くと新たな発見があるものだ。いつも何かを思いつくのは「中心」ではなく「周辺」からである。

設計｜日建設計・清水建設　所在地｜東京都江東区　用途｜運動施設、文化・交流・公益施設、会議場・展示場　構造・階数｜S

日建設計

有明GYM-EX（旧・有明体操競技場）

標準規格にない80mm角の製材外装

本施設の特徴の1つである木質外装は、製材を通しボルトによりユニット化し、それをメタルタッチで吊る構成。半屋外化されたコンコース空間を覆うこの外装は、来訪者をおおらかに迎え入れる大庇となりながら、施設に求められる遮音や断熱といった機能を果たしている。

この外装全体で約850㎡にのぼる木材利用を健全に行うノウハウは、基本設計の序盤から繰り返しスタディが行われたそのフォルムとその断面寸法にあると言える。

フォルム

競技エリアから四方に同じ距離で観客席を配置した長方形の平面形状に、一方向の屋根架構をかけた構成。下部（観客席）は2方向、上部（屋根架構）は1方向という異なるジオメトリの組合せからなる全体構成において、そのフォルムをミニマルに見せるために、直線と曲線を用いそれらを統合するデザインを試みた。屋根や外装を構成する部材は、小さな断面を持つマテリアルを積層し、それらをフォルムに合わせてずらしながら配置することで、特殊な加工を施すことなく合理的にそれらを実現するディテールを考えた。

断面寸法

材のずれによる陰影と「節」のある表情を目指し、小径木一丁取りの芯持ち材を想定したが、90角の規格製材では節の状態を細かくコントロールしにくい上に、当時住宅消費による供給の波が読めない状況にあった。そこで、切り捨て間伐材となる直径約14cmの丸太を基本とした80角の製材（90角製材は直径約16cmの丸木）を採用することとした。断面を小さくすることは、表面割れを防ぐ高温乾燥にも好都合である。森林や木材流通への理解は、木材を用いた設計において大事な視座であることを改めて学んだ瞬間のスケッチである。

最後のスケッチに至るまでの設計プロセスにおいて、関係者と一緒にスケッチやデジタルを用いたスタディの過程を時系列に並べ、「80mm角の製材外装」に至るその系譜を今一度整理した。

改めて俯瞰してみると、全体構成とディテールはひと連なりのデザイン行為そのものであり、それらが相互関係しあいながら形が生み出されることを再認識した。また、マテリアルの先には産地やその時代の技術が見え隠れするのである。

（大庭拓也）

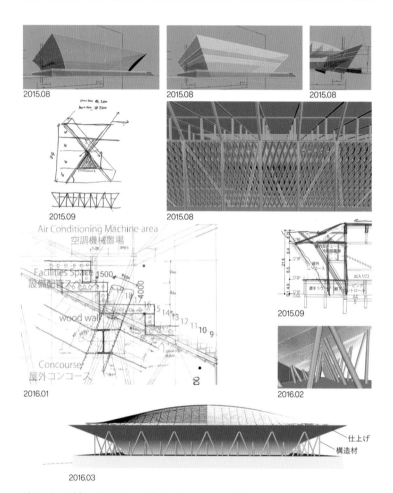

2015.08　2015.08　2015.08

2015.09

2015.08

Air Conditioning Machine area
空調機械置場

Facilities Space
設備配管スペース

wood walk

Concourse
屋外コンコース

2016.01

2015.09

2016.02

仕上げ材
構造材

2016.03

計画当初は外部に柱を出さない構成を考えており、屋根材を支持する柱に沿って木材の外装を配置する検討を行っていた。この木外装は、柱間に地震力を負担するブレースとして斜め格子状に配置し、それを外部に表しにする構成である。施設の断面の合理化と大きな半屋外コンコースの確保により、構造材と仕上げ材を分離する判断が施設の全体デザインを決める大事なスケッチとなった。

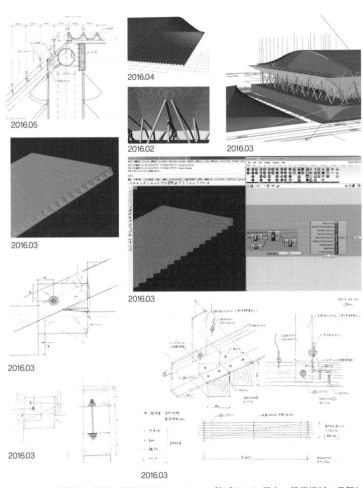

2016.05

2016.04

2016.02

2016.03

2016.03

2016.03

2016.03

2016.03

2016.03

2016.03

アーチ型の屋根面と外装の頂部の形をシームレスに繋げるべく、屋上の設備機械の目隠し
ルーバーの形状スタディを繰り返し行い、極力上部と下部のフォルムが一体的に見えるデザ
インを検討した。80mm角の製材を用いた外装は、その配列方法や積層する向き、それら
の集合による外装全体のフォルムの検討など、デジタルによるパラメトリックデザインによって
実現した。

隈研吾
竹田市城下町交流プラザ

構造とスクリーンに関する哲学的転換

九州・大分の山の中に、竹田市というおもしろい町がある。歴史のある城下町で、違う時間の中にスリップしたような、不思議な感覚を味わった。

その町の城下町交流拠点を竹でデザインしながら、自分の中で、ちょっとした転換があった。それは構造とスクリーンの関係性に関する哲学的転換である。僕は、いままでスクリーンを構造化することを慎重に避けてきた。スクリーンを構造として用いようとすると、どうしても各メンバーがごつくなりすぎて、スクリーンの繊細な透明感が失われてしまうからである。スクリーンはスクリーン、構造は構造とわけて考えていたのである。北京の「Great Bamboo Wall」や、「広重美術館」はその典型である。

しかし、竹田の屋根を支える竹の構造は、構造でありながら、しかもスクリーンのようでもあるという、中間的、両義的なものにチャレンジしてみた。その中間的なものが発するノイズの方が、安全な繊細さより面白いと思ったのである。

この手の微妙な、中間的なものを検討する時には、立面図ではもちろん足りず、レンダリングでも足りず、必ず模型で確認する。模型だと、構造とスクリーンの中間たりえているかが、一目瞭然で確認できるからである。

構造とスキンの関係、竹の組み方を、無数の模型で確認して、やっといけそうだなと思えたのが、この模型である。

まったく、どうでもいいようなことに思う人がいるかもしれないが、この問題は、僕にとっては人生の大問題なのである。

設計｜隈研吾建築都市設計事務所　所在地｜大分県竹田市　用途｜集会場　構造｜S造・W造　延床面積｜272.51㎡　竣工年｜2020年

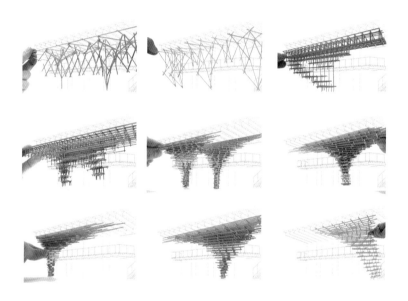

竹の部材を増やしたり減らしたり、組み方を変えたりしながら、いくつもの模型をつくり検討を重ねる。

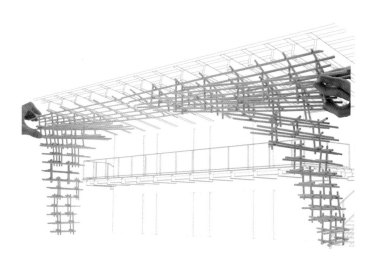

模型をつくり、目で見て判断することを繰り返し、粒子の大きさと、全体の流れのバランスが取れたと感じた。ストラクチャーとしてもスクリーンとしても、バランスの取れたものができあがった。

設計｜宇野友明建築事務所　所在地｜愛知県名古屋市　用途｜住宅（両親＋子ども3人）　構造・階数｜RC造・地上2階　延床面積｜190㎡　竣工年｜2021年

宇野友明
高峯の家

デッサンをするように

このスケッチは、数年前に竣工した「高峯の家」の玄関扉のディテールである。当初、この家のサッシは全て銅で作る予定だった。しかし、現場が進み積み上がっていく石積みを見るたびに不安が増していった。もちろん石積みを充分に意識した上での設計ではあったが、実際に目の当たりにすると全てが貧弱に見えてしまうほどそのクオリア（質量感）は圧巻であった。それを解消するために素材を鉄に変更した。素材ばかりでなく断面形状やそれに伴う機能の変更に至るまで全てのサッシを変更した。最初はこの玄関扉だった。銅のフラッシュ扉を厚さ12ミリの鉄板に変えた。枠や蝶番も全て鉄の無垢材で作ることにした。もちろん塗装はせずに素地（黒皮）のままである。このように私にとって素材が醸し出すクオリアは、良質な空気感を生み出すための重要な関心事なのである。結果的にこの時のこの決断によってこの建築は劇的に変化した。

こうした現場での突然の方向転換ができるのも私が工事を請負っているからである。建設業許可を取得してからもう20年近くになるが、当初は不完全燃焼で現場を終えてしまうことを避けるために始めたことであった。しかし、最近はその目的が少し変わってきたようである。予定調和で完全燃焼するというよりも現場で感じたことをできる限り新鮮なうちに形にするような、いわゆる即興的な作り方に変わりつつある。常にスケッチブックを持ち歩き、デッサンをするようにディテールを描く。タイムリミットギリギリまで温めて手描きのまま職人に渡す。CADにしないのは冷めたうどんを客に出すような気がしてならないからだ。ちなみにこのスケッチの扉も職人に手渡す寸前に観音開きに変更した。もうひとつは幸運なアクシデント（セレンディピティー）を引き寄せるためである。神様はいつも気まぐれである。こちらの感覚を試してくる。その時の判断は躊躇なく機能と決めている。それさえ確保されていれば全て受け入れる。もし、私にオリジナリティーがあるとすればその感覚である。しかし、残念ながら神様はいつも微笑んでくれるわけではない。請負いはその時のための施主への保証である。

結局、私にとって最高の幸福は「自由」である。それを自律させる「信頼」と「責任」は大切な両輪である。

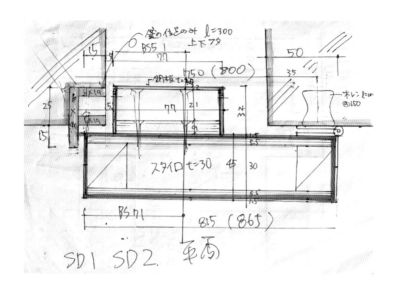

設計の段階では、外部に面する建具は全て銅で作ることにしていた。コストや強度を考えるとドアも芯材を鉄のフレームで組んだ、いわゆるフラッシュドアで設計をしていた。もちろん石積みのことは考慮した選択ではあったが、私がイメージした板よりも石積みの存在感は強烈だった。

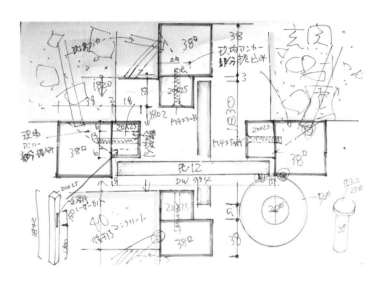

最も改善したかったのは、枠を含めたドアの存在感だった。石積みに対峙しても相応する素材と作り方を現場で石積みを前にして何度もスケッチを繰り返した。辿り着いた結論は、最小限の加工と素材が持つ質量感とボリュームだった。結局素材を鉄に変更し、厚板鉄板のみで外と内を仕切ることとした。

設計│安田アトリエ　所在地│京都府京都市　用途│美術館　構造・階数│S造、RC造・地下2階、地上2階　延床面積│
1,193.58㎡　竣工年│2019年

安田幸一
福田美術館

ディテールに始まり配置に終わる設計法

渡月橋から大堰川越しに嵯峨嵐山地区の街並みと背景の小倉山を眺めていると、今自分がいつの時代に居るのか分からなくなる。ここにどのような建築が考えられるか……。京都は新しい文化を受け入れる深い懐をもった都市であり、斬新なデザインで切り込むことも可能かもしれない。しかし京都が1200年という長い時間をかけて培われた古都であることを意識すればするほど「大自然と長い歴史に身を任せるより他に方法がない」と自戒するのであった。

一方、現代というこの時代にこの建築が建てられたことをどう刻印すればよいのかという疑問に対して、「和」の今日的な再解釈をしてみたいとも考えた。曲り家、蔵、縁側、網代などの先人たちから受け継いだ伝統的な場の形成や形態を現代の言語で読み替えてみることに挑戦したかった。遠方から見れば古典的に見え、近距離から見れば現代的に見えるような建築の姿を頭に描いた。もともと西側敷地に建っていたお茶屋（小督庵）は、薄い屋根をかけた瀟洒な数寄屋で、高床の縁側から紅葉の庭園越しに嵐山を一望できた。

BEFOREのスケッチは、まだ面積も定まっていない時に元の風景を継承したいと思って描かれた最初のスケッチである。小督庵を自分なりに解釈したディテールであった。

AFTERのスケッチは、東西敷地に跨がった大規模な美術館を構想したときの配置が示されている。東側の敷地に美術館、西側敷地に庭園とレストランというプログラムでスタート。この案で2009年に実施設計を終了し、その後プロジェクトは一時中断。数年のインターバルを経て、2014年に美術館機能を西側の敷地に移し再開した。大自然の山並みと小さな個人住宅の屋根との中間スケールの美術館の屋根を意識しながら、いくつかの切妻屋根の建屋を川と平行に配置するというプロジェクトの大きな方針が決まった。それぞれの棟が性格の異なる別々の庭を持つ形式。

2019年西側に福田美術館と2020年東側にホテル（MUNI KYOTO）が完成した。切妻を川の流れの方向に沿わせる方針はこのスケッチ以降変わらなかった。ふつうは、配置、平面／断面、ディテールの順に決めて行くのだろうが、今回はディテールを最初に定め、後から配置を決める設計手順となった。

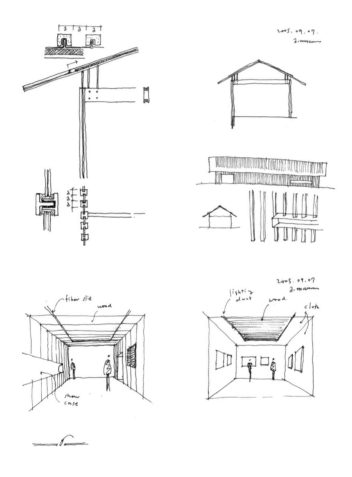

当時のスケッチブックを探してみると、福田美術館の最初のスケッチが見つかった。ふつうならば配置図からスケッチするのであろうが、景観規制の厳しい場所柄、「和」を意識した瀟洒な切妻屋根を最初から考えていた。金属屋根の縦ハゼを覆う銀鼠の瓦棒のディテールは、そのまま実現している。瓦と同じ幅の鉄骨柱を同ピッチで連続させ、屋根と立面が流れるような格子が美術館を包んでいくイメージがあった。

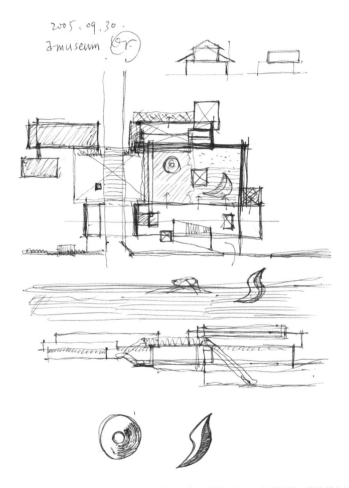

敷地東側の土地に美術館を計画していた時の最初の配置スケッチ。切妻屋根の建築群をどう組み合わせるかが問題の焦点となった。西側の土地には庭を回遊できるレストランを想定していた。第1案の配置はほとんどこの通りで進められた。空中ブリッジで2つの敷地をつなごうとしたが、実際には実現せず。ディテールは変えなかったので、後に2つの土地の用途が入れ替わった際も棟の配置案作成に集中できた。

Ⅲ
社会や
環境を思う

建築の外側

　多くの建築家は建築を設計しようとする時に2つの問題のどちらかをきっかけとすることが多い。1つは建築の内側の問題、2つ目は建築の外側の問題である。それらの両方に当てはまらない人たちもいて、彼らは設計そのものを考え直す人たちである。Ⅰ章はこのグループである。そしてⅡ章は建築の内側の問題を考えるグループだった。そしこのⅢ章は建築の外側を考える人たちである。

　建築の内側と外側とは何かというと、内側とは建築の床・壁・天井というような建築を構成している物、それらの間にできる空間、それらの関係性など、建築自体を構成している要素のことである。では建築の外側とは何か、それは建築それ自体ではないが、建築をつくるときに半ば必然的に考える項目である。その最たるものは設計をするときに最初にクライアントと共有する情報である。それは建物のプログラムと敷地である。プログラムを見るとそこにはさまざまな必要機能が想定される。必要機能の多くはその機能が役にたつ対象が想定されている。例えば劇場であれば演じる人、見る人、デパートであれば、物を売る人、売る物、買う人、学校であれば学ぶ人、教える人、管理する人。人だけではない。浄水場であれば洗浄される水、洗浄する機械、生産施設であれば、原材料、加工する機械、加工品、それを出荷する搬送機など。建築にはプログラムによってそれが対象とする人や物が登場する。そうした人や物は建築を取り巻く社会に関係している。よって人やものを考えると結果としてその社会が建築をつくるきっかけと考えるようになる。

社会

　飯田善彦さん、ツバメアーキテクツは建物とそれを取り巻く社会の繋がりをデザインする。金野千恵さんは建物を利用する人

とその人たちが居住する建物周辺の間の経路、噛み合い方を
デザインする。山本埋顕さんは建築を取り巻く社会としての公共
領域と建築内部の私的領域との関係性をデザインする。

場所

　さて建築家はプログラムの次に建物の建つ場所を見る。その
場所は世界に1つしかない。そこには具体的な建築を考える素
材が無数に転がっている。そしてその素材を建築に繋げること
で建築をそこにしかないものにしていく。長谷川逸子さんはコン
ペの敷地を見に行ってその昔その場所が丘だったことを知る。
そして丘を再現することを考えた。保坂猛さんはクライアントから
日本的なものを要望され、敷地から見える富士山とその雲を日
本的なものと解釈し、雲のような建築を考えた。宮崎浩さんは
長野県立美術館の敷地から善光寺の屋根を見た。そしてこの
建物の入り口部分に善光寺へのビューを一直線に見るデッキを
計画した。平瀬有人・平瀬祐子さんは敷地から見える山を建
物のフレームで切り取ることを考えた。比嘉武彦さんは敷地から
見える風景と人が入り混じるデザインを考えた。
　建物の場所にヒントを得る人の中にはその場所をエコロジー
の視点から捉え、建築に内在する環境を劣化させる要素を取り
除き、環境を積極的に改善することを考える人たちもいる。末光
弘和さんは敷地に生えている一本の樹木が建築をどうつくれば
この木に必要な日射量を確保できるかを考え、能作文徳＋常
山未央さんは水、空気、土などの環境要素への気づきを建築
化しようとした。

設計の仕方を考える

　すでにこのⅢ章まで本書を読み進めてこられた方にはお分
かりのように、こうして3つのグループに分類はしたものの、おそ

らく全ての建築家は設計の方法に気を配り、建築の内側の問題も外側の問題も必然的に考えているはずだ。空間のことを考えない建築家はいない。クライアントのプログラムや建物の場所を考えない建築家もまたいない。しかし全てのことを考えながらも3つのどこかに重きを置いてそれを自らの設計の理念として強調するのが建築家なのである。そのことがこの発想の方法を表すスケッチや模型を見ることで明らかになったと思う。

　本書をお読みの皆さんは、50の発想を見て読んで何を感じるだろうか。まずは実に多様な設計の方法があることに驚くのではないだろうか。少なくとも私はそうだ。

　自分と似たような考えと、だいぶ違う考えがあることに気づくはずである。似た発想を見ると安心し、異なる発想からは啓発を受ける。そしていくつかの方法には今度少しとり入れてみようと思う部分もあった。

　きっと皆さんも同様ではないだろうか。設計とは、設計の内容を考えると同時に設計の仕方を考えることでもあると思う。

設計｜平田晃久建築設計事務所　所在地｜群馬県太田市　用途｜美術館・図書館　構造・階数｜RC造一部S造・地下1階、地上3階　延床面積｜3,152.85㎡　竣工年｜2017年

photo: Daici Ano

平田晃久
太田市美術館・図書館

決別の前夜

「太田市美術館・図書館」のプロポーザル時のプレゼンシートには、「Ota Flower」というタイトルがついている。最終的には箱とスロープが入り混じる、Flowerというより何か、もう少しえもいえぬものになっているのだが、当初このプロジェクトをFlowerと呼んでいた原点は、このスケッチにある。コンペ要項の要約メモと同じ日付が書いてあるので、まさに考え始めた最初に描いたものだ。

　群馬県太田市のことは、以前から知っていた。学生時代、恩師のコンペを手伝ったことがあり、その敷地が太田だった。太田にはかつて中島飛行機という飛行機工場があったことは、当時のリサーチで知っていた。20年近くの時を経て、ふたたび太田でのコンペにチャレンジするにあたり、まず脳裏に浮かんだのは、この飛行機の翼やプロペラのイメージだった。たまに、プロペラと結びつけてこの建築を説明すると、後づけでしょ、とからかわれるのだが、なかなかどうして、先づけも先づけ、なのである。

　歩く人がいなくなり閑散としてしまった太田駅前に人の流れと活気をよみがえらせること。そのような意図ではじまったこのプロジェクトの背後にはいつも、プロペラに撹拌された空気の流れとか、結び目のようにくるくると絡まるラインのイメージがあった。

　しかし「太田」において僕は、単にこのイメージを純粋な形で実現することを追い求めたのではない。むしろこのイメージをひとつのきっかけ、あるいは出発点として、その後に展開したさまざまな機能的要請や、太田市民を巻き込んだ設計プロセスの中で浮かび上がってきたものたちを率直に受け入れながら、最初には予想していなかった答えにたどり着くことを試みた。それは東日本大震災の被災地で経験した、さまざまな協働を通してしか生まれないような建築の可能性を、一般化する試みでもあった。結果として、自分がそれまで建築的形式の内部で試みてきた多様さ以上の多様さを持った場が、生まれたような気がしている。

　僕はこのスケッチを、純粋なイメージや形式的実験だけを追求するような建築への、決別の前夜を記念するものとして、心に留めている。

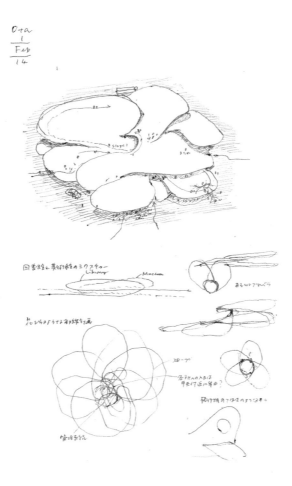

群馬県太田市は人口20万を超え、太田駅の1日の乗降者数も多い。しかし駅前にはほとんど人が歩いていなかった。ここに求められているのは、さまざまな人々、ものや情報を引き寄せる結び目のようなものではないか。そんな考えからプロペラのようなかたちの場所を思い描く。それはかつてこの地にあった中島飛行機の記憶とも結びつくだろうと。

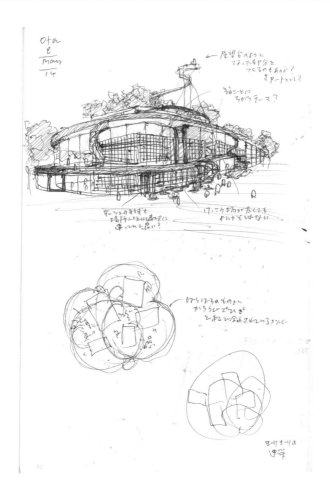

プロペラのイメージから出発しつつ、それだけでは展示室をはじめとした多様な空間性に応えられない。そこで、いくつかの箱をつくり、その周りにぐるぐるとスロープを巻き付けた。これでなんとなく方針は決まったが、建築としてどんなふうにまとまった姿になるのか、問いかけは続いた。もう破れかぶれでも良いや、と思える境地に至るまで。

設計｜飯田善彦建築工房　所在地｜京都府京都市　用途｜大学　上段：和顔館　構造・階数｜Ｓ＋ＲＣ造 一部SRC造・地下2階、地上5階　延床面積｜27,612.37㎡　竣工年｜2015年　中段：専精館　構造・階数｜RC造 一部S造・地上3階　延床面積｜5,517.30㎡　竣工年｜2016年　下段：成就館　構造・階数｜Ｓ＋ＲＣ造 一部SRC造・地下1階、地上5階　延床面積｜5,607.13㎡　竣工年｜2020年

photo: 鈴木研一

飯田善彦
龍谷大学深草キャンパス

大模型から見えてきた地域と大学の関係

龍谷大学深草キャンパスに関わってから15年以上になる。大学が40年以上かけて形づくってきた施設整備があらかた終わり、残った空地の修景がコンペになり選定されたのが縁でその後も関係が続き、2011年暮れに、1号館の建て替えを機に第2ラウンドの計画が立てられた折、設計プロポーザルへの参加を打診された。選定されると数年間全ての施設の改修に携るキャンパス計画室のような役割を担う。相手は組織事務所3社、それぞれ龍谷大学に深く関わってきた難敵である。

お題は、龍谷大学の未来像を示すこと。詳しい与件はあったが、大学間競争の中でいかに魅力的なキャンパスをつくるか、そのヴィジョンが求められていると感じた。僕たちは大学という教育機関がこれからどうあればいいのかを、いくつかのテーマに集約して展開し、その実現のために「第2ラウンド最初の施設をボックスからスラブタイプへ変えましょう」と提案した。

内容には自信があったが、これをどうプレゼンするか？ 龍谷大学の場合、さまざまなポジションにいる60数名の審査員が投票して決める。組織事務所の

プレゼン力、特に圧倒的なパースにどう立ち向かうのか？ 考えた末、模型で勝負しよう、それもキャンパスを越えて最寄り駅を含む街をつくることに決めた。全ての飛び地を含めると、400m四方、1：100の縮尺で4m四方の模型になる。限られた時間でいかにつくるか、8分割に決めてスタッフ、アルバイト全員で取りかかった。

p.149の写真は、事務所の屋上で初めて全体を組み上げた時に写した記録である。全員初めて見る全景に息を呑む、というより、「おーっ」と興奮状態にありながらも疲労困憊で眠気と戦いながらただ佇む、といった方が正解だろう。この後細部を加えて完成させ、プレゼン会場に持ち込み机を並べた上に組み上げ、大迫力の提案となった。

提案内容に加えて、この捨て身の大模型、異常な熱意が評価されたのか幸い選定され、その後、和顔館、専精館（飛び地に整備した体育館）、成就館（正門向かい。2つのホールを含む多目的施設）が完成した。この大模型は、僕たちと龍谷大学を結びつけ、それまでのキャンパスをさらに次のステージに引き上げるためのヴィジョンを共有する最強のきっかけとなった。

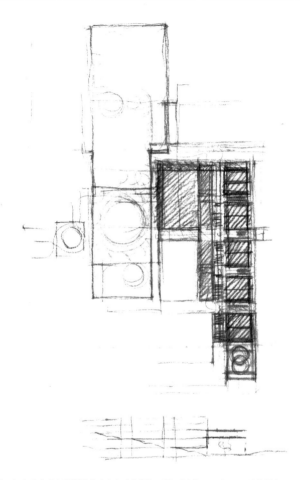

長さ150mになる大きな建築をなんとなく分節して解こうとしている。コアはまだない。この建築の立つ場所は京阪電鉄深草駅に直結する東門に近いため、そこからキャンパスに入ってくる8,000人の学生たちをどうキャンパス内に誘導するか、比較的まとまった緑地を潰さざるをえないため代替のグリーンをどうするか、学生の居場所となるコモンズのつくり方、要求された大小さまざまな講義室、むしろ同じスペースを望まれる教員研究室、75万冊閲覧席1,200席の図書館、等々の与件に加えてこれまでとは違う大学建築のあり方を模索する一歩である。

約4m角のキャンパスを含む模型をつくり初めて龍谷大学深草キャンパスの全体像がつかめた。隣接する警察学校以外ほぼ小さな住宅が密集している。これをみて大学の在り方として地域社会とどう連担しているのか、が気になった。大学があることが地域の誇りになっているのか? 災害時だけではなく普段から地域の人たちが大学に出入りし身近な環境と認識していることが望ましいことは模型を見ると一目瞭然である。私たちは大学へのプレゼンでテーマの1つに「世界と地域」をあげてこれからの大学の在り方を論じた。

設計｜teco　所在地｜神奈川県愛川町　用途｜複合施設（認知症グループホーム2ユニット、小規模多機能型居宅介護施設、放課後等デイサービス、就労支援洗濯代行事業所、コインランドリー、コロッケスタンド、シェアオフィス、寺子屋）　構造・階数｜W造・地上2階　延床面積｜1,130.62㎡　竣工年｜2022年

photo: morinakayasuaki

金野千恵
春日台センターセンター

地域の具体からつくる風景

神奈川県愛川町の郊外住宅地における
かつての商業施設を、福祉を核とする
地域の拠点として再びセンター化した計
画。自然豊かな愛川町では、1960年代
に工業団地とともに春日台地区が宅地
開発され、小学校や病院（2007年閉院）、
商店街とスーパーマーケット「春日台セ
ンター」を含む中心エリアがつくられた。
2015年に福祉事業者と地域を訪れた
際、スーパーの閉店が浮上したため当
初の構想を白紙に戻し、地域住民と寄
合い「あいかわ暮らすラボ（通称、あいラ
ボ）」を立ち上げた。山林や田畑など自
然資源、外国籍の人々の暮らしや学び
の課題など顔の見える活動に触れた設
計開始までの3年間は、地域の資源と
ネットワークを理解する時間だった。そ
のうち、"この地でケアを通して子どもた
ちの原風景をつくりたい"という施主の
考えが強まり、プログラム、規模、予算な
ど枠組みづくりからの協業となった。

波型屋根をもつ既存建物のコンバー
ジョンも検討したが、耐震性能の改善が
困難であり、更地からの計画となった。
当初は高齢者のケア拠点を核に若干の
プログラムを加えた300〜400㎡の計
画で、既存建物のもつリズムを継承した

平屋、妻屋根の反復するファサードを繰
り返し検討した。しかし、ケア拠点として
の経営試算や見過ごせない課題から、
規模は徐々に膨んでいった。平屋案は
一定規模を超えたところで断念され、2
階建てで立体的な繋がりを思考する案
へと発展していった。地面レベルと上階
での経験を近づけられるよう、重なる屋
根が光や風を導き、個室や屋根下の空
間が豊かに展開することを考えた。

この拠点では、地域とともに認知症
高齢者が暮らし、障がい者が働き、障が
い児が活動し、同時に公的制度から溢
れるあらゆる人の拠り所となる、縦割り
施策に横串を通すような建築を目指し
た。最終的には7つの機能を3棟に分け
て通り道や土間を貫通させ、建物と通り
を統合する大屋根が行政協議を経て公
有地へと越境し、制度の内外、日向と日
陰、内部と外部、地面と上階など相反す
る要素を包摂する計画となった。さらに
は、緑に面する静かな個室、ほの暗い
照明のテーブルセット、身体のスケール
に寄せた柱配置、柱間で調整可能な建
具を含め、環境に奥行きを持たせた。

思い思いに過ごす老若男女が、まちの
風景を息づかせている。

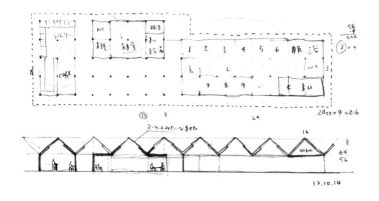

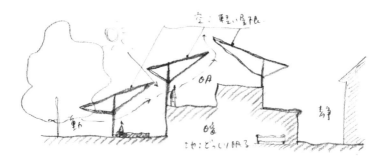

（上）かつてここに建っていたスーパー「春日台センター」の配置や屋根型を継承するように
プロムナードに対して大きく開き、リズムの反復する屋根型が人々の活動を迎え入れる建ち
方を検討していた。また、木造の規則的なグリッドが福祉機能の要件を満たしつつ、同時に
将来の可変性にも応える普遍的な計画を目指したスタディを行っていた。

（下）日中には多くの人々が集う賑やかさを求めると同時に、この拠点で住まう人々の朝夕
の静けさを含む日々のリズムが大切と考えていた。構造設計のオーノJAPAN大野博史氏と
の打合せで断面を検討するなかで、"大きく開いて浮遊する屋根"と"守り固める箱"という整
理がなされ、この建築の立体的な環境づくりの方針が定まっていった。

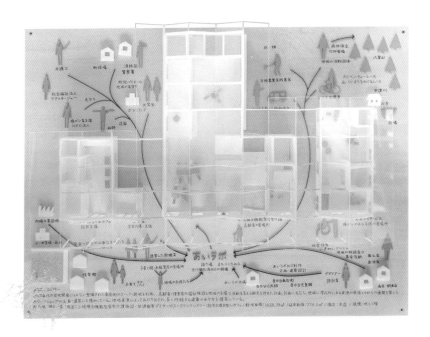

長年を掛けたまちの人々との対話から、地域の人やその活動、自然を含む資源の繋がりが理解できた。それらの結びつきを促すように公園や街路に接続する道を引き込んで回遊性をつくり、複数のプログラムを分棟で構成して外壁周りに人々の居場所を多く設けた。これらを町有地へと越境した大屋根で1つに繋ぐことで、多様な人々を受け止め、まちの骨格をつくる建築となった。

photo: FUKUSHI-GAKUDAN

ツバメアーキテクツ

ツルガソネ保育所・特養通り抜けプロジェクト

ふたしかさを生きるソーシャル・テクトニクスの建築

ツバメアーキテクツでは、ソーシャル・テクトニクスの建築を目指している。これは、素材や物質の接合からなる構造を示すテクトニクスという言葉に、ソーシャルという接頭語をつけた造語である。状況がめくるめく変化する、ふたしかな現代において、敷地に作用する社会的な力を観察し、均衡させ、建築をつくる目的や前提条件からデザインし直すことを示す。

近代社会の中では建築に関わる力のベクトルは、生産性や効率性に向かった。建築や土地は細分化され扱いやすくなり、日本は戦後、急速な復興を成し遂げたともいえるが、同時に人や資源が関係づく機会が奪われてきたことによる問題が、今日至るところで表出している。ソーシャル・テクトニクスの建築は、こうした状況を編み直し、寛容で開かれた空間が生まれるバランスを探ろうとする態度である。

こういった思想を表現するために初めて描いたのが「ツルガソネ保育所・特養通り抜けプロジェクト」の俯瞰ドローイングである。

特別養護老人ホームに付随する保育所の設計からスタートした。設計の過程で、特養と保育所を仕切るフェンスを撤去し、それらをつなぎ合わせるデッキや曲がり道をデザインしたり、敷地外から人が入れるように近所の学生が使えるバスケットコートをデザインしたり、屋外コンセント付きベンチを整備したりと、保育所の敷地の外側にも随分と意識を向けてデザインの対象を広げていった。この場所周辺に集まるさまざまな世代の人々が自然体で共存できるように一体的な環境を設計し直していたことになる。こういった一連の要素は、それぞれが微妙な距離で存在しているので、一発で写真で撮ることはできない。試行錯誤をしているうちに、既存と新設の要素や人々の活動なども等価に全て表現するようなものがいいだろうとなり、俯瞰のドローイングとしてアクソメに定着することにした。

これは平面図や配置図といった単体の建築をつくるための図面と異なり、どういった社会がそこに立ち現れているかを示す、いわばソーシャル・テクトニクス図というようなものである。

設計｜ツバメアーキテクツ　所在地｜埼玉県八潮市　用途｜保育所・外構整備　構造・階数｜W造・地上1階
延床面積｜129.18㎡　竣工年｜2017年

2016.1月頃

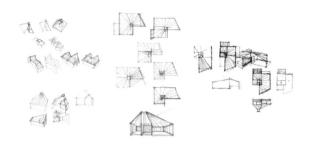

2016.2月頃

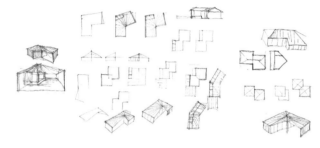

2016.3月頃

外部を取り込もうとする架構の変遷。最終的に「通り抜けのポーチ」と「保育室」にL字の屋根をかけるという単純な架構に落ち着いた。建築の設計に加え、ささやかな声を拾うように無数の対応をしているが、その総体を位置付けるコンセプトはまだ持っていなかったため、BEFOREとAFTERのドローイングでは表現に飛躍がある。このプロジェクト以降は設計段階から設計に付随して行う作業全般もソーシャル・テクニクスというコンセプトの中で展開するようになった。

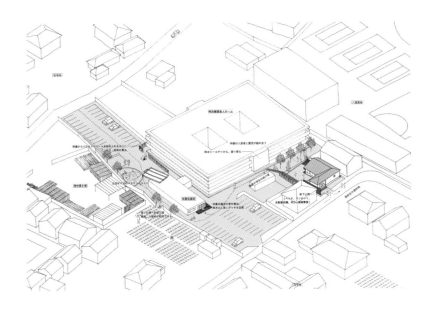

保育所の設計に加えて、特別養護老人ホーム（既存）の内外装の補修や、備品の選別、外溝の整備、バスケットコートの設置などありとあらゆる断片的なデザインをおこなっていた。業務の最中は、次元の異なるさまざまなイシューに対応していた。メディア発表時に、リバースエンジニアリング的に俯瞰で描き起こしてみることにした。既存／新築、敷地内／周辺、老人ホーム／保育所／近隣の学校、などさまざまなカテゴリーの境界面のあり方を調整し、至る所に人間の居場所を作ろうとしていたように思える。その総体は、関係性の調整を図ろうとする建築的実践であり、このようなあり方をソーシャル・テクトニクスと呼ぶことにした。その後のツバメアーキテクツの方向性を決定づけたようにも感じる。

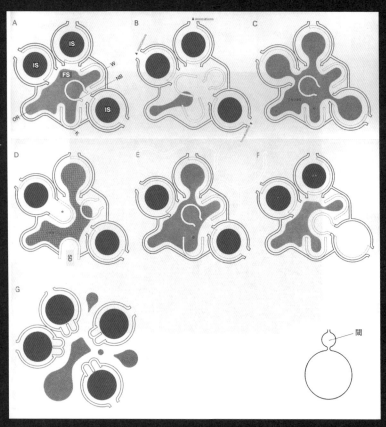

IS＝個室　FS＝ファミリー・スペース　NB＝主婦、BED装置　W=BATH、WC装置
OR＝老人室　K＝KITCHIN装置　SD＝勝手口

1970年『都市住宅』04に掲載してもらったひょうたん型ダイアグラムのデビュー作品である。私は
まだ大学院生だったが、当時編集長だった植田実さんの英断で、掲載してもらったのである。今の
平均的家族の行動パターンに忠実な空間図式に置き換えてみたのである。そうしたら、思いもよら
ない図式になった。個室を通過してリビングルームに行くという図式ができた。リビングルームに直
接入る出入り口はない。主婦には自分の個室がない。

山本理顕
ひょうたん型ダイアグラム

ダイアグラムの発見と進化

ひょうたん型の絵を思いついたのは大学院のころだった。これは修士論文に掲載した住宅のダイアグラムである。このひょうたん型は、その後、原研究室で行った集落調査によって、住宅のダイアグラムから集落と住宅との関係を示すダイアグラムに進化していった。

集落という大きな共同体と家族という小さな共同体との関係を示すダイアグラムである。

このダイアグラムの発見によって、逆にさまざまなことが分かってきた。住宅という建築は、集落共同体と家族共同体というその2つの共同体を調停するための空間的装置である。そして、住宅という建築空間は単に機能的存在ではなくて、その空間配置は、その住人相互の作法を反映するものだということなどである。

きっかけはレヴィ=ストロースの『構造人類学』だった。「態度の体系」という言葉をみつけたのである。家族のメンバーの相互関係はその態度に現れる、それがレヴィ=ストロースの言っていることだった。われわれの住宅の研究は

その空間での住人の態度を研究していたんだ、それが分かった。態度とはその空間における作法である。住宅を調査し、そして研究することの意味が漸く分かったのである。住宅は作法の空間である、ということをその時初めて理解したのである。そのひょうたん型のダイアグラムのくびれから上の部分を「閾」と名付けた。

私の住宅設計もまた、その空間での住人の作法とともに考えるようになった。

その後、横浜国大（Y-GSA）の教授として招聘されたのを機会に、私のスタジオの学生たちにブログでハンナ・アレントの講義をするようになった。改めてアレントを綿密に読み直してみようと思ったのである。そして驚いた。これほどまでに建築空間とその空間における人間の作法と政治との関係を見事に解明している人はいない。そんな哲学者はアレント以外にいない。『人間の条件』の92ページに私が名付けた「閾」と同じ空間に対するアレントの説明をみた。『権力の空間／空間の権力』という本を書くきっかけだった。

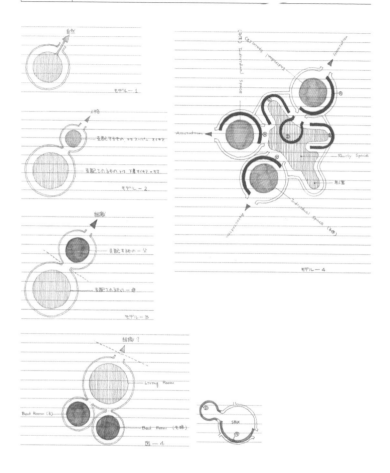

　修士論文のためにつくった空間図式である。私的空間と公的空間との関係を図式化したいと思って描いた。私的空間は家族の空間である。家族の空間は女の空間である。公的空間は政治の空間である。そこは男の空間である。というようなことが分かった。私はこの空間図式を持って集落調査の旅に出た。その図式を1つ1つの集落に当てはめていったのである。

『権力の空間／空間の権力』はハンナ・アレントの『人間の条件』に依拠している。岩波書店の『思想』に連載させてもらうきっかけになった。

設計｜内藤廣建築設計事務所　所在地｜東京都千代田区　用途｜事務所　構造・階数｜RC造、一部PC造・地上5階　延床面積｜1,287.83㎡　竣工年｜2020年

内藤廣
紀尾井清堂

建築をあきらめるな

今の社会状況は、多くの点で40年前とよく似ている。あの時も無数の建物が建ったが、強烈な経済的圧力のもとで「建築」は成立しなかった。この建物は今という時代へのアンチテーゼ、「建築をあきらめるな」というメッセージのつもりでつくった。それを受け取ってくれる人が一人でもいれば嬉しい。

都会では再開発と超高層のなんの希望もない風景が横溢している。戦禍はやまず、地球環境の劣化も著しい。こんな時代に人生をかけるだけの価値を建築に見出すのは至難の業だ。みんなあきらめている。建築はそこそこでいい。デベロッパーの機嫌をとり資本主義や商業主義に媚を売る。そうしていれば大過なく時間は過ぎていく。そんな果てにできたものが建築であろうはずがない。かっこいいことを言うつもりはない。わたしだってちょっと気を緩めれば、そんな気持ちにはまり込む。だから、自らを奮い立たせて、こんな時代でも「建築という価値が成立し得る」ことを証明したかった。

1年間ほど建て主とアレコレ機能を検討した末に、「使い方はできてから考えますから思った建物を建ててください」

と言われた。機能のない建物だ。さりとてオブジェでも宗教施設でもない。純粋に「建築に何ができるのか」を問われたのである。

形を決めていく作法として、いくつかの前提を立てた。まず、物質として存在感のあるコンクリートの塊を提示する。そしてそのコンクリートをガラスで囲って雨風に晒さない。ガラスとコンクリートとの間を内部と外部の中間領域として使う。これを自分なりの縛りとした。

スタディを重ねた末に、空中にある箱を支える形にたどり着いた。15mキューブの箱を空中に掲げ、それを4本の柱で支え、さらに閉じた箱の頂部に穴を開け、階段を無理やり割り込ませ、どうしたら静的な箱に動的な要素を与えられるかを考えていた。

建物ができ上がる頃に偶然出会った陸前高田市に保管されていた「奇跡の一本松の根」をお借りして、1年間、1階のがらんとしたギャラリーに展示した。この空間には、一本松の根がよく似合う。根の存在感と建物の強度が共振していた。建築の力が根の存在感を受け止めている。この応答は「建築をあきらめなかった」からこそ成立したのだと思う。

限られたマッスを構造的に成立させるためのスタディ。試行錯誤の初期の段階。この辺りの構成が、実現される空間の質を決めてしまうので、考えうるバリエーションを描いている。ここで描かれているのは、壁柱的なものを配置するやり方、強いコアを中心に据える考え方など。4〜5階建ての建物なので自由に考えられる。

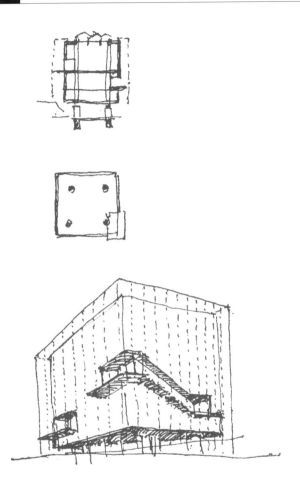

柱を内側に寄せ、それによって力学的な不自然な形を意図的に作り出し、それを解くための形態を検討する、という方向へと進む段階でのスタディ。物質的な存在感を持つ15mキューブのRCの量塊を4本の柱で支え、その外をさらに抽象的な幾何学性をもつガラスのキューブが覆う、という形にたどり着いた。塊（存在の確かさ）を支える（力強さ）と幾何学性（普遍性）が最も直裁に現れている形だと思ったので、この形でいくことにした。

設計｜長谷川逸子・建築計画工房　所在地｜神奈川県藤沢市　用途｜公共建築　構造・階数｜RC造一部S造・地下2階、地上4階　延床面積｜14,315.34㎡　竣工年｜こども館、市民センター、公民館等1989年、市民センター1990年　photo: 山田脩二

長谷川逸子
湘南台文化センター

丘をたち上げ、新しい建築をめざして

1985年に募集要綱が公開された湘南台文化センターデザインコンペは、公共建築の実績のない建築家でも参加できる画期的なコンペであった。募集要項を読んで、新しい公共建築のあり方を求める市長のメッセージに共感して参加することにした。

はじめに一人で現地へ出かけ、近くの図書館で敷地の歴史を調べて、この敷地がかつては丘であったこと、区画整理で丘が削られて平坦にされたことなどを知った。その足で敷地に行き、たまたまそこでヨモギを摘んでいたおばあさんに話しかけてみた。ここにあった丘は低く、登って反対側に下るにはちょうど良い運動になったし、野の草花を採って散歩するのが好きだったので、無くなって寂しいという話であった。

近くを歩くと新しい住宅地として開発された若い家族の多いエリアのようで、駅前には公団アパートの大きな箱が建っていて、典型的な東京郊外の開発途中の雑多な雰囲気で、落ち着かない環境だった。開発で失われた丘をもう一度たち上げ、緑に包まれた懐かしい環境を取り戻そうと小田急線の中でスケッチをしながら帰った。

翌日マジックで描いたファーストイメージをスタッフに見せると、〈公共建築は外観に権威あるデザインを導入すべきだ〉〈地下建築はコスト坪100万ではできない〉〈公園みたいな建築を行政が引き受けるはずがない〉と批判された。コンペの間中、「もう一度丘をたち上げる」というテーマで、オープンスペース（原っぱ）のありようを考え続けていたように思う。道路を挟んだ先の緑の公園との続き方やこの敷地を斜めに横断してゆく人の行動、住民に若い家族や子どもたちが多いこと、近くの図書館に市民が大勢でやってくることなどなど。

締め切りギリギリまで検討する中で、ファーストスケッチの丘建築は、だんだん地上に引き上げられ、70％だけが地下空間として残った。丘のイメージを留める屋上庭園に当初植えた蔓植物は、この地域の植生から選んだものである。

結果として前々から考えてきた、球形のシアターが実現し、シアター名を宇宙劇場と名付けた。パンテオンのように空が見え、円形ステージにもなり、外の原っぱの様相をした空間が生まれた。ここから新しい演劇やパフォーマンスが生み出されることに大いに期待した。

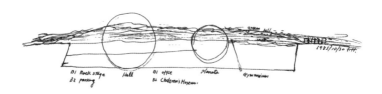

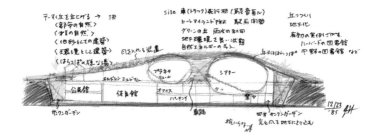

上のスケッチは敷地をはじめて見に行った日のスケッチ。楽しんできた丘があったのに取ってしまって平地にしたことを講義するおばあさんに会って、もう一度丘をたち上げたいと考えた。丘の中に建築をつくろうとしてスケッチした。屋上、サンクンガーデンと緑の場をつくり、そのタイトルを考えた日のスケッチ。コンペのテーマを〈丘をたち上げる〉に決めた。

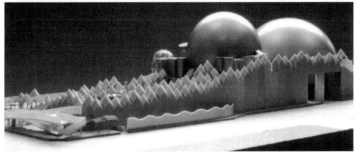

土の中に埋めた建築がスタッフとのディスカッションで上に持ち上げられた。スタッフの皆が公共建築には立面のイメージが求められているのに、それが無い案は出さないほうが良いと責められ、結果コンペ案は地上に思いがけない場（プラザ）がたち上がった。平面・立面・屋上を土建築にしたいと思い描いた。

photo: Nacasa & Partners Inc.

保坂猛
ほうとう不動

富士山と雲

2008年1月の半ばに、和風でほうとう屋の設計ができるかどうか聞かれ、「できると思います、やってみます」と回答し、構想にとりかかった。和風とは何か、改めて調べ勉強し、和風といえるような案を15案ほどスケッチと模型でつくってみたが、どれも今ひとつ納得いく点が見出せずに悩んでいた。そんな中で、2008年2月4日に描いたのがこのスケッチだ。敷地の南側に見える富士山を描き、雲を3つ描き、もうひとつ雲を描き足し、それが建築であったらどうかと考えた。建築単体で和風とするのではない。富士山は誰が見ても日本の代表的な山で、外国人観光客が見てもJAPANだ。富士山と建築がひとつの印象的な風景（シーン）をここにつくりだす（描き出す）ことができれば、それは新しい和風といえる。そう考えた。

断面スケッチには、オープンエアー、夜虫がこない光、などのメモも同時に記載した。この建物は、見た目だけがコンセプトではない。富士山の麓、河口湖に自然を楽しみに来られる人々に、親自然的な建築によって、この場所の自然との関わりをほうとうを食べるひと時の中でお

おいに味わってほしいという思いも重要な点であった。自然の空気の中でほうとうを食べる体験を大切にすること、夜も幅8mの大きな開口部で網戸なしで自然通風をすることを虫が明るさを感じない照明で達成することなど、この時すでに構想していた。

描いた直後に、このスケッチをほうとう不動社長にお見せし、こういうものを提案したいと思いを伝え、提案に向けて進めてみるようにとお返事をいただいた。すぐに自由曲面の建築の構造計画と大臣認定の法的手続き、空調を使わないための環境シミュレーションなどビジョンを立て、2月末に正式にプレゼンテーションを行った。社長は、まさか本当にこれをこのまま提案してくるとは思わなかったと大変驚きながら、真剣にプレゼンテーションを見てその場で熟考され、「よし、これで行こう！」とご決断されたのだった。2009年12月に竣工してから13年が経った。夏と中間期はエアコンを使わない、夜は網戸なしでの自然通風という素朴な建築で、今日も変わらず営業が続いている。

設計｜保坂猛建築都市設計事務所　所在地｜山梨県南都留郡富士河口湖町　用途｜飲食店（ほうとう屋）　構造・階数｜RC造・地上1階　延床面積｜726㎡　竣工年｜2009年

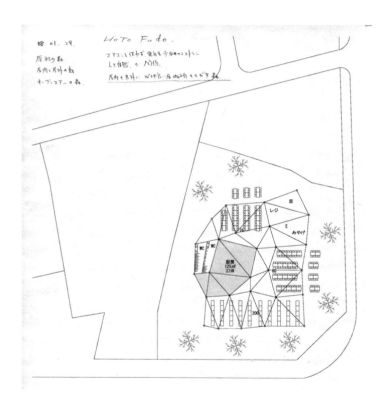

エアコンを使わない飲食店をつくること、人工照明を最小限とすること、など心に決めて検討していたが、空間イメージは「原初の森」というキーワードで、富士山の麓の樹海のようになることを考えていた。内部はそのような空間を達成できるとしても、周囲に森もないこの敷地で、外観は駐車場に囲まれた建物でしかないことにジレンマを感じていた。

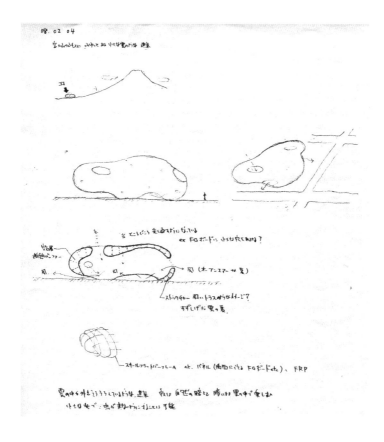

富士山を描き、七号目あたりに雲を描き、麓に雲のような形状の建物を描いた。雲のような建築は3次曲面とし、その内部はエアコンを使わないほとんどの季節オープンエアーとなるような内外の境界面となる曲面の建築をつくる方針まで一気に描いた。幹線道路から見て、富士山を背景とし手前側に雲のような形状の建築が、新しい風景となって人々の目に焼き付くことまで想像した。

田根剛
エストニア国立博物館

一本の線、その線が二本に分かれるとき

スケッチを描く。何もない真っ白なノートの上に、いま自分の中にあるイメージ、まだぼんやりとしたものを描き出してみる。そのイメージは描かれることによって、ぼんやりとしていたものが少しだけ具体化され、はじめて外の存在となり、描き出したことによって、その先のイメージへと続くのか、またはそのイメージ以上にはならないのか、それはスケッチを描き出してみるまでは分からない。そしてスケッチはイメージとして描かれることで、はじめて自己への問い掛けがはじまり、その先に未来が見えるのかが現実の問題として迫ってくる。

エストニア国立博物館のスケッチを描いたのは、一瞬だった。2005年、はじめて取り組んだ国際コンペで提出期限まで残り3週間を切った時、敷地の傍にそれまで気にも留めていなかった、大きなコンクリートの塊を見つけた。そしてその塊を追ってみると、更にどんどんと

森の奥まで伸びていき、どこまでも永遠に続くかのようでもあった。そのあまりのコンクリートの唐突さ、その暴力性が気になった。調べてみると、それは旧ソ連軍が軍用施設として占拠したこの土地に刻んだ滑走路であることが分かった。そしてその瞬間に閃きが起こった。軍用滑走路から一本の線が延び、空と大地が分かれ、そこにミュージアムが生まれる。森を切り裂くように横たわるコンクリートの塊である滑走路から、その先に一本の線が大地から隆起し、湖を飛び越え、民族の記憶を包含するヴォリュームへと物質化されていく。そのイメージをスケッチとして描き出した時、「これしかない」と思えた。そしてその思い描いたイメージは、コンペに勝利した後も、その後の設計中にも、何度も何度も描き続け、描き続けたことによって、そのイメージがいつしか確固たる確信へとかわっていった。

設計｜Dorell. Ghotmeh. Tane / Architects　所在地｜エストニア・ラーディ地区　用途｜博物館　構造・階数／RC造一部S造・地下1階、地上2階　延床面積｜34,581㎡　竣工年｜2016年

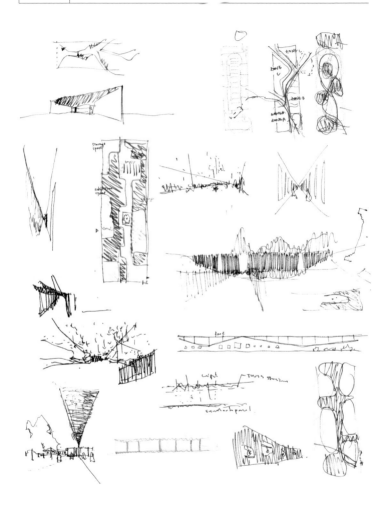

未だ見たことのない建築を描くために思考を巡らせていた。思考の先にイメージがあり、そのイメージを描きながら、思考を進化させていく。断片的なスケッチの集積は全体的なアイデアへと集約され、断片的な空想のスケッチから全体的な理想のイメージを描き込んでいく。

一本の線を描く。大地から連続する線。旧ソ連軍用滑走路から敷地をなぞり、その先へと真直ぐに伸びていく。もう一本の線。それは後方から空に向かって伸びていくように真直ぐに描かれる。その二本の線の間、それらが物質化され建築はここから生まれてくる。

佐藤尚巳
青山OMスクエア

人と車の適度な共存関係が街をおもしろくする

青山OMスクエアの外装デザインと低層部の提案のコンペに参加した際のスケッチである。敷地は青山通りに面しており、街路に沿った賑わい創り、魅力的な都市空間の形成なくして高層棟のデザインは考えられなかった。敷地は間口約50m、奥行約90mの斧のような形状で奥に広がっている。

要項で示された低層部の要件は、青山通りに面して1. オフィスロビー、2. ショールーム、3. 商業施設のエントランス、4. 駐車場への出入口、5. 青山通りから秩父宮ラグビー場へ抜ける貫通通路、の5つの要素を成立させることであった。単純に間口を5等分すると10m前後の中途半端な顔が並ぶことになる。青山通りに面して駐車場の暗い出入口が口を開けているのも興覚めである。

青山通りから秩父宮ラグビー場へ広がる地域全体の活性化と魅力向上を考えると、敷地中央にゆったりとカーブした街路を設け、人と車を共存させて奥へ流すことを思いついた。青山通りに面しては巨大なプロセニアムアーチを構えて、舞台中央に人々を奥に誘う街が

広がる、そんな劇場的な構成を描いてみた。幸い敷地奥には既存ビルの地下へのスロープがあり、これを利用すれば駐車場へのアクセスも解決できる。街路の奥には車が回転できるサークルと高級レストランを置けばアイストップともなるし敷地奥のポテンシャルも高められる。高層棟はアーチの上に浮かせれば圧迫感なく佇ませることが可能だ。

与件ではセンターコアの事務所平面が前提であったが、中央を空けるためにコアを東側に寄せて長方形平面の事務所を提案することにした。高層棟を道路境界際まで張り出させ、角を落とすことで日影もクリアすることがわかった。建物全体の基本設計も変更する要項破りの提案となったが、こうあるべしと考えて提案し採用していただいた。

特徴的な形態の高層棟は遠景では認識されるが近景では姿を消し、アーチの中に展開される街に人々は吸い込まれてゆく。単体の高層ビルの外装デザインにはとどまらず街の広がりに貢献できるプロジェクトになった。

デザイン監理｜佐藤尚巳建築研究所 佐藤尚巳　所在地｜東京都港区　用途｜事務所　構造・階数｜地上S造地下RC造、一部SRC造・地下3階、地上25階　延床面積｜47,135.25㎡　竣工年｜2008年

敷地右端に地下駐車場入口があり、中央部にはEVコア（22×12＝264の記載部分）があるので正面は事務所のエントランスロビーに占領され、商業施設と敷地奥への貫通通路は左側の隣地側に寄ってしまう。敷地の広い奥を有効的魅力的に使うにはこのアクセスでは困難だと判断した。青山通りに地下駐車場入口が口を開けているのも興ざめである。

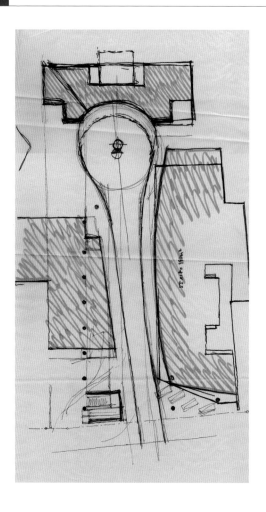

EVコアを中央から右脇に移動し、敷地中央に人と車を奥に導くクルドサック状の街路を設ける案を思いついた。街路両脇には奥行きの長いショップフロント、奥には車寄せのある高級レストランの配置が可能となり、街が奥に広がりこの敷地の特徴を最大限に引き出すことができる。地下駐車場へのアクセスは奥の車回しから確保し景観を維持した。

宮崎浩
長野県立美術館

敷地の持つポテンシャルを引き出す

プロポーザル参加のために、初めて、長野県立美術館（旧信濃美術館）の計画地を訪れた際、長野市城山公園内に建つ旧信濃美術館と善光寺は、隣接するとはいえ、交差点部の歩道橋や鬱蒼とした樹木で視界が遮られていたこともあり、互いの関係性はとても希薄であった。また、後背には神社の建つ豊かな森があったが、そちらとも縁が切れており、この場所の持つ周辺環境の魅力を活かしきれていないように思われた。

敷地の持つ10mを超す高低差とともに、善光寺および谷口吉生氏設計による東山魁夷館に隣接するという恵まれた敷地のポテンシャルをいっそう高め、城山公園を含むひとつの風景としてつなげたいという思いを込めて、配置／平面／断面を同時に考えながらまとめたのが、このひと組のスケッチである。

その後、設計〜工事と進む中、足掛け4年近くの間に、幾度となく現地を訪れ、案を更新し続けながらランドスケープミュージアムとして計画をまとめていったが、この最初のスケッチに込めた計画イメージ（高低差を利用した断面計画と、善光寺と東山魁夷館に至る2つの軸を意識した配置・平面計画）の骨格は変わることはなかった。

10,000㎡を超す施設に求められたプログラムのうち、約半分を地盤面下に計画し、地上部は10mの高低差の中に、2層の展示空間を組み入れた。地上階は、この建築のテーマである外と内がつながるランドスケープミュージアムとして、屋上広場からは善光寺や周辺の山々と、建物内部からは城山公園や水景と透明感を持ってつながっている。

これだけ恵まれた敷地で設計できるチャンスを得たことは望外の喜びであり、なかなかこうした機会は多くはないと思う。建築を設計する際、当然であるが、プロジェクトごとに計画する施設固有の与条件や、規模の大小はもちろん、立地する場所も異なる。大都市の中、郊外、自然豊かな地区等、異なった環境の中で同じ解答は出てこない。しかし、どのような敷地であっても、その場所固有の性格を読み解き、周辺の環境と関係づけながら敷地のポテンシャルを最大限に引き出すことで建築のあり方を探し出すことを、これからも常に心掛けたい。

設計｜宮崎浩｜プランツアソシエイツ　所在地｜長野県長野市　用途｜美術館　構造・階数｜RC造＋PC造　一部S造・地下1階、地上3階　延床面積｜11,324.25㎡（本館／連絡ブリッジ69.79㎡含む）　竣工年｜2021年

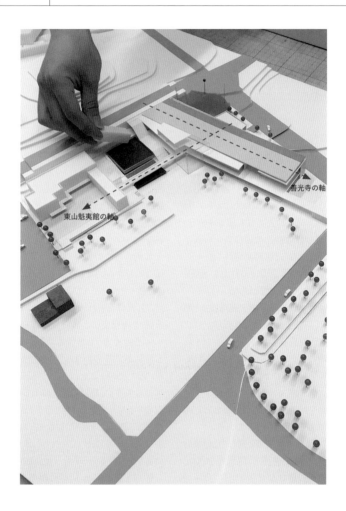

プロポーザル案をつくる段階での模型による検討。エスキース段階で、善光寺に向かう本館軸と、谷口吉生氏設計の東山魁夷館への軸との2つの軸が見え始めている。つながる美術館というランドスケープミュージアムのコンセプトのスタートとなったイメージモデルである。

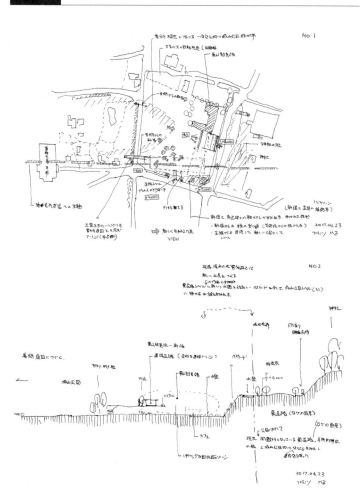

上図が配置イメージ。西は善光寺、東は小高い丘の上の神社までを含めた敷地境界を越えた地域のランドスケープのあり方をスケッチしている。この段階で、2つの軸を強くイメージしている。下図は断面のスケッチ。建築本体の断面構成ではなく、地形の中で敷地と建築の関係を探そうとしている。

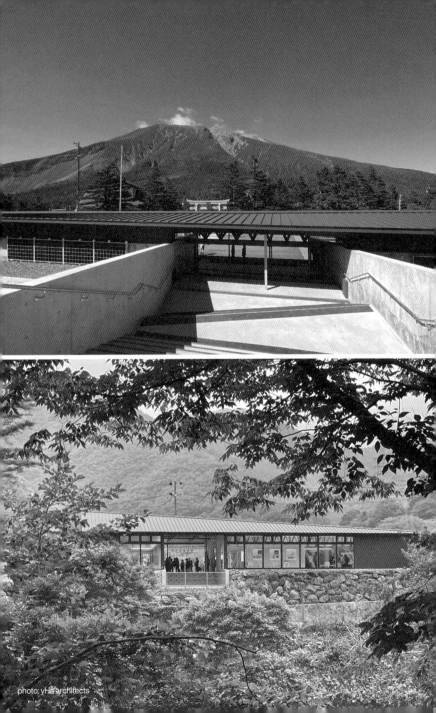

平瀬有人・平瀬祐子
御嶽山ビジターセンター
〈やまテラス王滝〉〈さとテラス三岳〉

インデックスとしての赤い屋根と穿たれたフレーミング

御嶽山ビジターセンター〈やまテラス王滝〉（上）と〈さとテラス三岳〉（下）のプロポーザル応募時のスタディ模型写真である。発注者の異なるふたつの施設を同時に設計するという類のないプロポーザルで、長野県の〈やまテラス王滝〉は御岳県立公園内の御嶽山登山口・田の原（標高2,180m）に、木曽町の〈さとテラス三岳〉は麓の「道の駅三岳」隣接地（標高742m）にそれぞれ整備したものである。〈やまテラス王滝〉・〈さとテラス三岳〉いずれもボリュームに孔を穿ち、大階段のある半屋外空間によって御嶽山や木曽駒ヶ岳との関係をつくりだしている。この〈穿たれた孔〉は山稜の風景をフレーミングするとともに、奥行きへの連続性を示すエンクロージャーチューブにもなる。

屋根は周辺の景観と調和しつつ来訪者への視認性の高い〈赤い屋根〉の建築とすることで、離れた敷地の2施設が連携しつつ、それぞれの場所に応じた異なった風景をつくりだしている。〈やまテラス王滝〉は斜め棟の屋根の棟方向を反転したり、〈さとテラス三岳〉は屋根の高さを低減したりと、それぞれ設計時に敷地に応じた変更をしてはいるが、概ねプロポーザル時に考えていたことを実現している。

コンテクストから遊離した〈赤い屋根〉が慣習化された風景に新鮮さを創発するフレームとなって異化作用を生み出し、建築が自然のなかでのインデックス（指標）としての役割を果たしている。これは小津安二郎の映画における頻繁な赤色の事物（ヤカン・バケツ・カサ……）の登場とも共振する。変わらずに登場人物を見つめ続けるものとして赤色の事物が通底して存在することで、映画のストーリーにおける差異と反復がさらに際立ち、観客に深い感動をもたらす。

都市の記憶をたぐり、その現在の活動を読み、人びとが建築と都市の関係に新しい意味を発見するためのメディウムとしての建築をつくりたいと考えている。そのためには建築によっていかに世界をフレーミングするか、という点が重要な側面であると考えている。私たちはフレームを通じて、世界をよりよく知ることができるようになるのである。

設計｜yHa architects　所在地｜〈やまテラス王滝〉長野県木曽郡王滝村、〈さとテラス三岳〉長野県木曽郡木曽町　用途｜ビジターセンター　構造・階数｜〈やまテラス王滝〉RC造 一部S造＋W造・地上1階、〈さとテラス三岳〉W造・地上1階　延床面積｜〈やまテラス王滝〉498.30㎡、〈さとテラス三岳〉431.52㎡　竣工年｜2022年

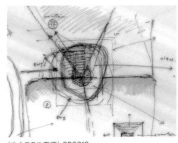

〈やまテラス王滝〉200616

200620

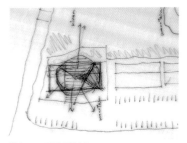

〈さとテラス三岳〉200616

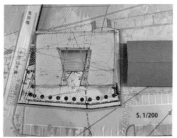

200620

スケールの大きな山並みに対峙する建築を考えるにあたり、細分化した要素の集合体にするのではなく、なるべく大らかな屋根に覆われた風景をつくりたいと考えた。大屋根の下には敷地の高低差を生かした大階段を挿入し、周辺の風景をいかにフレーミングするかをスタディした上で、敷地に合わせてボリュームを検討している。

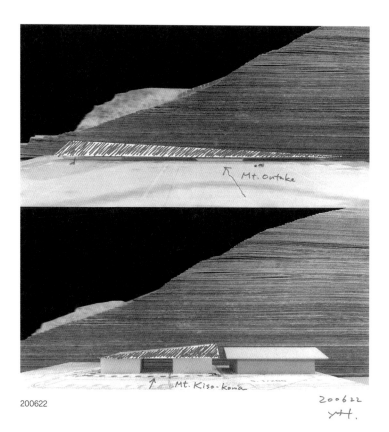

200622

200622
yH.

斜め棟の〈赤い屋根〉の下に穿たれた孔は、山稜の風景をフレーミングして、御嶽山や木曽駒ヶ岳との関係をつくりだしている。厳しい自然環境のなかに建つ〈赤い屋根〉が印象的な「涸沢ヒュッテ」（設計：吉阪隆正／1963年）のような、質実剛健なつくりの中の美しさを目指した。

photo: 鳥村鋼一

中川エリカ
桃山ハウス

街がどうできているのか、よく見て、建築につなげる

「桃山ハウス」は山を切り崩して造成された、歴史ある保養地エリアの一角に位置しています。

都心にお住まいのお施主さんからは、光や風を感じながら、都心とこの地を往復する2拠点居住をしたい、いつかは移住も視野に入れたい、とうかがいました。

「桃山ハウス」が竣工したのは2016年。コロナ禍の生活になるとは誰も予想していない頃ですが、それでも、自宅でお仕事をされる方も徐々に増えていたし、2拠点居住の計画も、以前よりは珍しくなくなってきていたように思います。

では、なぜ、この地なのか?

建築をつくる上で、それが、とても重要なことだと思いました。住宅を依頼してくださるお施主さんにご要望をうかがうと、多くの時間・言葉を、住宅そのものへの希望に費やしてくださいます。しかし、どういう家が良いか、ということと同じくらい、どういう土地に住みたいか、という判断は、その方の人生や価値観を表しているように思うのです。つまり、土地を選ぶときに、じつは、家を建てる上での半分か、もしかするとそれ以上の大きな決断をしているのではないか?その土地に合った建築を建てることは、街並みに対する態度を示すとともに、お施主さんが無意識に抱えているご要望に応えることにもなるのではないか?そして何より、どうすると街にあった建築になるかという議論は、設計者やお施主さんの個人的な好き嫌いではなく、もっとフェアで、広い視野に立った議論になるのではないか?これらは、今の私の事務所の基本的な問いとなっています。

だから、私たちは、まだ言葉にできない、「なぜこの土地なのか」「どうするとこの街に合った建築になるのか」ということを探究するために、街をよく観察します。ただ見るだけでは建築の設計になかなかつながらないので、どう見たかを、共有可能なものに変換した上で、建築にしていきます。「桃山ハウス」においては、街のコンテクスト図というドローイング（細密画）と、街を立体化した大きな模型（1/20）がとても役に立ちました。これらがあったからこそ、「桃山ハウス」が生まれたのです。

設計｜中川エリカ建築設計事務所　所在地｜静岡県　用途｜専用住宅（夫婦）　構造・階数｜RC造一部S造・地上1階　延床面積｜42.33㎡　竣工年｜2016年

プロジェクトごとに街の雰囲気を生み出すエレメントは異なるが、模型でつくるにはあまりに小さい材料が街の雰囲気に決定的な影響を与えている場合、それらの詳細な材料を記述する「街のコンテクスト図」を模型と並行して作成している。桃山ハウスの敷地は山を切り崩した古い造成地で、擁壁と植栽と地形が混ざり合う場所だった。

模型のサイズは1,200×2,000mm。ヘアピンカーブ状の山道のちょうどカーブの部分で接道する土地だったので、この前面道路までを建築に影響を与えるエリア＝敷地と再定義し、模型化した。身体的な感覚を頼りに全方向から覗き込むことが、立体的なスタディを誘発し、いつもよりも動的で開放的な建築の組み立てにつながった。

photo: yujiharada

設計｜マニエラ建築設計事務所　所在地｜兵庫県芦屋市　用途｜住宅 (4人)　構造・階数｜RC 造・地上 3 階　延床面積｜195.57㎡　竣工年｜2018年

photo: 松村芳治

大江一夫
Port House

プランとファサードを同期させる

建築はその土地に存在するまでに、何度となく懸案プロセスを重ね、住み手や建築家の思いがその土地に渦巻きながら、まだそこに見えない建築がつくられては壊され、変容していき最終的に建築として現れるのだが、その対話が長ければ長いほど、建築はその土地との結びつきが強いものとなるのではないか。特にこの計画はそのように感じさせられた建築である。

　3軒目の自邸となるこの計画は、2012年4月からプランに着手し始め、2018年2月に竣工するまでの間、6年間を要したが、四六時中考えていたわけではなく、考えては寝かしてというように時間をかけながら、時には家族とぶつかりながらも対話を積み重ね、スタディを重ねていった。1軒目の自邸は、杉丸太の電柱を柱に利用して建てた、子どもたちと山中の自然の中で人が集まるスキップフロアの住宅。2軒目はRC打ち放しの素材感にこだわって建てた、実用的なコの字型の事務所兼住宅。

　3軒目となる今回は、よりプリミティブな打ち放しに暮らしたいという思いは皆共通の認識であった。RCに暮らしてみて、快適な範囲でどこまでデメリットを許容できるのかを理解していたため、インフィルの検討は比較的早かったが、何しろ床も天井も打ち放しなので設備設計には時間を要した。

　駐車スペースのゾーニングとレベル設定によりプランは大きく変わるが、今回は、現況の台形の土地形状から、敷地80坪の中で建蔽率40%、風致地区による外壁後退という厳しい条件の中で、駐車スペースを道路から見えない北側にすることで、北側に5mの後退がうまれ3階の高さが有利に働くプランをベースに進めていった。ファサードは25mの幅広の敷地を生かし、RCのプリミティブな塊の存在感をもたせ、背景の六甲山系と馴染ませることができた。当初はシンプルに縦張り杉板型枠の垂直な抜けを考えたが、時間と共に敷地とにらみ合いながら東へと抜ける軸線を強調したフォルムに変容していった。また内部の開口部も縦の連続のシークエンスから、東軸への抜けを強調した仏の半眼のような横長の開口へと変容していき、内と外が自然と同期していった。住宅は個人の所有物であると同時に環境に左右されており、つくり手の環境への配慮の重要性に改めて気づかされた。

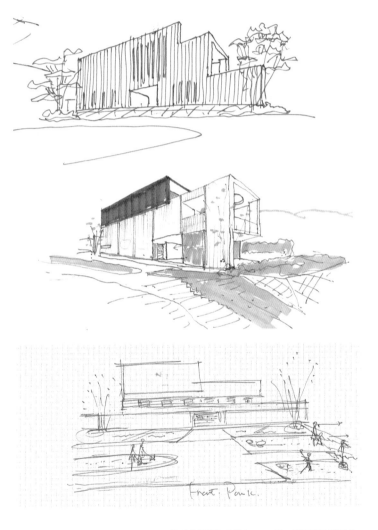

南面道路側緑地スペースに対して、一面杉型枠縦張打ち放しのファサードが圧迫感があったため、3層部分を分割した。

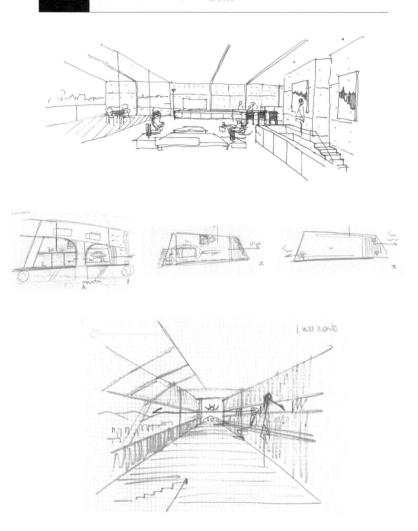

プランが東への水平方向の軸性をもっているのに対してファサードが縦軸であったの
で壁面のコンポジションを変化させて水平の軸性を意識したファサードにすることで
内と外が同期していった。

上：子どもたちの多様なアクティビティを生み出す廻廊　下：内外の廻廊に挟まれた施工途中の教室内部

設計｜kw+hg architects　所在地｜茨城県桜川市　用途｜小中一貫校の小学校部分　構造・階数｜RC造（校舎部分）・地下3階

比嘉武彦
桜川市立桃山学園

揺籃　〜子どもたちを育む廻廊

桃山学園（茨城県桜川市）のスタディ。敷地は山々や田畑が遠くまで見渡せる筑波山の北麓。筑波山は自然の能産性を言祝ぐかのように、男女に喩えられる2つの頂からなり、そこから湧き出た流れが男女川となって、敷地の際を流れている。

設計にあたっては、この風景がもつ力を建築と共鳴させたいと考えた。学校というものは綿密に設計すればする程に内なるソサエティになっていくような予感があり、そうではないものをめざしていた。近年の設計論は一言でいえば、「廊下のない学校」（ヒエラルキーのない空間）を志向しているが、桃山学園はその廊下が倍になっているのが特徴である。廊下をむしろ定義し得ない余白、余剰としてとらえられないかというわけである。

すべての教室は廻廊で囲まれ、廻廊を通して学校のどこにいても外の遠くの風景に接続される。こうして子どもたちと風景の間に建築が介在することによって、子どもたちを育む揺籃機能とでもいうべき効果をつくり出そうと考えた。子どもたちがぐるぐると廻廊と戯れることで、場の力を得て勝手に育っていくというイメージである。

スタディは自ずと廻廊のデザインがキモになっていった。しかしながらどうにも規則的な柱の列は、揺籃というよりも人を拘束する檻っぽくもなる。頭の中ではギリシアからロッシに至るまで世界中をずっと旅していた。

打開のきっかけとなったのは音楽だった。その頃、頻繁にロ短調ミサ（バッハ）という曲を聴いていたのであるが、複数の声部が往来し、上昇下降の繰り返しから生まれるある種のグルーブが、なぜか動的な幾何学を感じさせた。あるとき思いたって楽譜を取り出して見たところ、衝撃を受けた。いと高きところにオザンナ。音符の連なりは、幾重にも重なり合うギザギザの屏風のようなものに見え始めた。これが多声音楽か。

そこからは一気呵成。これまで意識に上ることのなかったあの男女川の流れが急浮上し、件の廻廊はこの流れが変換されたかのように、あれよあれよという間に、柱の列が無数の男女のカップルのように2本ひと組でループを成し、ゆらゆら4声のポリフォニーが生まれ、最終案へとなだれ込んでいった。

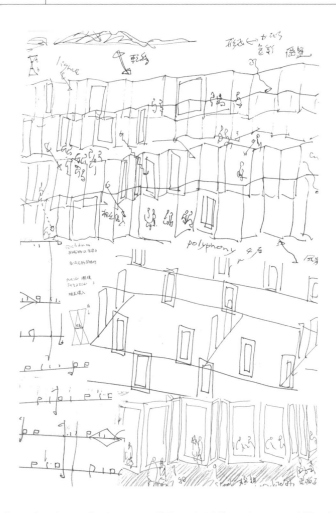

廻廊のロジックを見つけ出そうと、ノートの片隅にひたすら描かれたスケッチの断片。4声の
ポリフォニーというワーディングも見える。フレームの重なりと反復を介して、内外の風景や人
の流れが入り混じり、グルーブのようなものを生み出そうとしている。形式とかたちと色彩。
子どもたちを揺籃する装置としての廻廊。

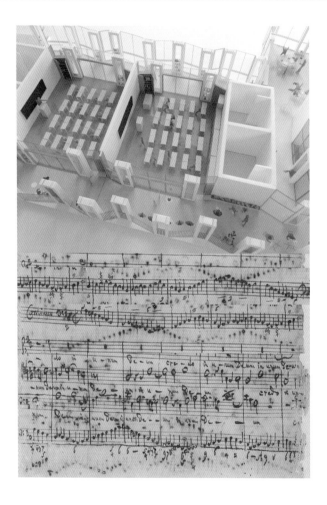

楽譜上のあるユニットが左右反転したり、上下逆転したりして、それらが自在にアセンブルされることによって、形式性（フォーマリズム）がもたらす軽みというべき何かが生成し、それが共在感覚というか事後的な参入可能性のようなものを生み出している。それはまさしく建築的なのではないかと感じられた。

設計｜前田建設工業・ヨコミゾマコト建築設計事務所共同企業体　構造・設備設計｜アラップ＋前田建設工業　所在地｜神奈川県
○市　用途｜劇場　構造・階数｜RC造・S造・地下1階・地上4階　床面積｜8,122㎡　CG作成・前田建設工業

ヨコミゾマコト
O市市民ホール

異化効果

2017年に前田建設工業と設計JVを組み挑んだO市市民ホールのプロポーザル案である。1,100席の大ホールと平戸間形式300席の小ホールに加え、ギャラリー、スタジオ、オープンロビーなどからなる8,000㎡ほどの計画だ。

並んだスタディ模型の一番手前右端が最終案である（p.205）。決して広くない計画地にホールの巨大なボリューム、特に高さ30mを超えるフライタワーをいかに配置するか、周辺街区に対する外観上のインパクトを減らすためにボリュームをいかに分節し抑えるか、かなり悩んだ。フライタワーに屋根を乗せるなどして象徴的に見せることには強い疑問を感じていた。このまちの主役は計画地の向かい側、城址公園内に建つ天守閣でありフライタワーではない。両者が対峙する関係は望まれない。そのためには周辺に建つ中高層ビルと同様に素っ気ない存在とし、まちに紛れ込ませてしまおうと考えた。

一方、低層部には少し膨らんだ曲面屋根が乗っている。ロビーの天井高さを低く抑え、屋根をランドスケープ的に扱った。この案が生まれるきっかけは年間400万人というO市を訪れる観光客数である。彼らは当日の演目など知らないし、旅先で地元住民の文化活動に興味を抱き鑑賞券を手にホールの客席に座る者はまずいないだろう。彼らの関心の的は、天守閣とその背後に広がる国内第一級の温泉地なのだから。しかし地元商店街の人たちは天守閣に登っただけで帰ってしまう彼らに、もっとまちなかを歩いてほしい、より深く歴史都市O市の魅力を味わってほしいと望んでいる。

表通りから屋根に上がると、そこは天守閣に向かって穏やかに傾斜する屋上の広場《屋上桟敷》だ。まるで川原の土手のような場で誰もが腰を下ろして夕日を背にした天守閣を眺められる最高の景観スポットになる。《屋上桟敷》は裏通りまで伸びており通り抜けることもできる。《屋上桟敷》に上ることが契機となりまちめぐりが始まる。

歴史都市に広々した桟敷空間を重ねることは、あるものが隣り合わせられたものの影響を受けて見慣れないものに変わる異化効果を狙ったものであり、その後の「大分祝祭の広場」（2019）につながる。

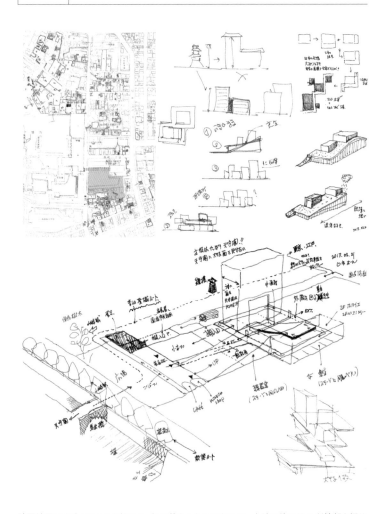

計画地周辺を歩くことから始める。何か使えるものはないか、土地に染み込んだ情報も掘り起こす。まちの主役は天守閣である。江戸時代の地図と重ね、天守への登城ルートが計画地の傍であったこと、散見されるクランク状路地が古くからのものであることを確認する。1枚の大きな雁行する低い屋根という案が導き出される。

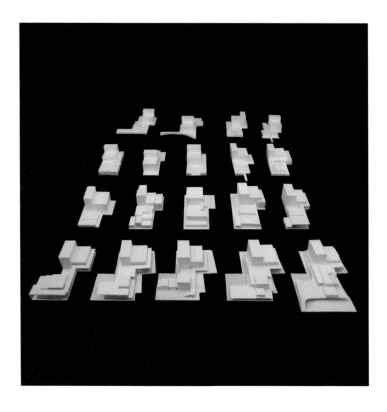

　まずは機能に限定した模範解答づくりを試みてしまう癖がある。いつもそこからの離脱に苦労する。この時は、偶然訪れた鶴林寺太子堂の礼堂部分、その引き延ばされたような屋根の造形に魅せられたことがきっかけになった。ホールとは無関係だし形の類似性もないが、屋根の上に登ることに意味と動機と物語性を持たせられそうに思えた。

設計｜室伏次郎　所在地｜熊本県球磨郡　用途｜事務所・工場・樽展示・客室棟　構造・階数｜RC造＋W造・地上1階（一部地上2階）　延床面積｜469.06㎡　竣工年｜計画中

室伏次郎
球磨焼酎「蔵」建替計画

盆地と古民家の景観、そして幻の湖

熊本県人吉市で球磨焼酎「蔵」の建て替えを計画する。

クライアントの要望は、3代続く球磨焼酎作り手の「蔵」の伝統的な酒蔵の空間である屋根と木造架構を構えた佇まいを大切にしたい。ただしそれに拘るだけはではなく、それを踏まえた上で現代の建築としての発見のあるものを期待する、というものであった。

計画敷地は人吉盆地の只中にあり、外輪の山々に囲まれた広大な農地の中にある。伝統的な民家の集落が散在し、その中に現代の民家、小さな工場などが距離を持って点在する環境である。このごくありふれた田園集落の点在する中に出現することになる新たな建物群として、先に書いた要望に応えつつ、この風景に対して違和感のない在り方をしたいと考えた。

「蔵」としては、管理事務等と製造工場棟に加えて、熟成樽の展示と催し物および接客の客室を備えた樽棟の3棟の構成を必要としていた。それらをめぐる建築的プロムナードとしての見学者ルート設定が課題であった。人吉盆地は270万年前の太古の時代には、現在は盆地と見える見はるかす広がりは、湖であった。外輪山と見えるものはカルデラではなく地殻変動の結果であり、再度の地殻変動で湖の水は抜けて全体が広大な平地、人吉盆地となり今に至るものと知る。盆地は約30キロ四方の広大な広がりである。

太古の湖という記憶はこの広大な広がりというランドスケープを捉えるにあたり地霊として幻想と詩的イメージを喚起する。また、現在の球磨川水流がもたらす豊かな地下水が球磨焼酎の原水となっている事実から、計画の根幹を考える。豊かな水の情景を囲み、遺構のようなコンクリートの初源的な架構と伝統的な木造架構の混構造の空間を構想する。周辺に点在する集落の屋根を持つ景観に連なり、新しくも歴史的風景の一部となるように、屋根を持つ木造の小さな村のような「蔵」の建築群とすることにした。

天地を映す水盤は時とともに形状を変えて、あるときは天を象徴する真円を形づくり、またあるときは曖昧な輪郭の水鏡として周囲の「蔵」を映す。訪れた者は水盤を囲む小さな集落としての「蔵」の空間を、建築的プロムナードとして巡ることとなる。

敷地付近全景

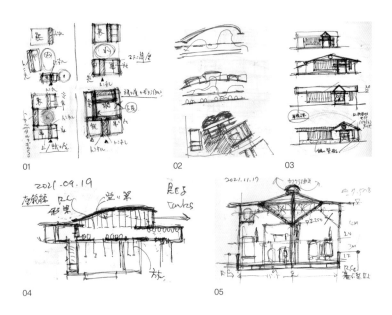

01. 各棟配置のスケッチ。敷地を既存建物のある場所を再利用することに変更となった。コンセプトは変ることなく検討が続けられた。02. 樽棟の導線と壁面の形状のスケッチ。03. 事務棟とファサードのスケッチ。 04. 樽棟のスケッチ。 05. 製造棟のスケッチ。

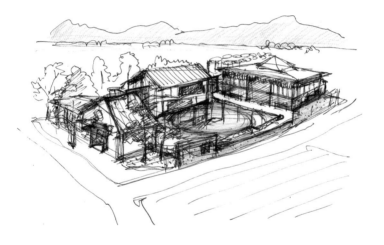

基本構想が出た段階で、既存建物を解体し本計画の敷地として再利用することとなった。当初敷地にほど近い場所である。敷地の環境から広大なスケールのロケーションへの対峙の仕方から構想された計画であり、コンセプトはそのまま踏襲して進められた。最終段階で水盤を介して建物群と向き合う回廊の設置案が浮かび、そのことによって建築的プロムナードの決定案とすることができた。

設計｜東京都財務局建築保全部オリンピック・パラリンピック施設整備課（基本設計・実施設計）、久米設計（基本設計・DB発注支援・実施設計アドバイザリー・工事監理）、竹中・東光・朝日・高砂異種業種特定建設共同企業体（実施設計）　所在地｜東京都江東区　用途｜体育館・観覧場 等　構造・階数｜RC造、一部S造・地上5階建　延床面積｜約47,200㎡　竣工年｜2019年

photo: 東京都提供（写真は2022年撮影）

久米設計
有明アリーナ

独自性と機能性を備えたアリーナの誕生

有明アリーナは与件ではバレーボールとバスケットボールのコートを基本にした整形のアリーナ面であった。敷地は運河に面した開放的な敷地だったが、整形のアリーナに、与件の15,000席のスタンドをとると矩形の外形となり、併せて駐車場や緑地を計画すると平面的には敷地境界一杯となった。大型のアリーナは外周に開場待ちの列、キューラインや避難経路となる外周コンコースが必要である。そのために、内部コンコースは必要最小限の幅員として外周ラインを決め、そこから外壁をスタンドに合わせて外側に倒していくことで内部空間を最適化して、外周コンコースをつくりだした。このようにして生まれた傾斜した外形が大スパンの屋根の架け方を考える起点となった。構造エンジニアと傾斜した壁を活かすよう、さまざまな架構を検討する中で、吊る屋根の形式が合理的な解決につながるのではと思って描き出したのが次のページのスケッチである。これをもとに、傾斜した壁とバランスして大屋根を吊り下げる方法として、四隅に頑強なコアを形成し、そこからケーブルで引っ張るのが安定して合理的ではないかという答えにたどり着いた。さらに四隅のコアで地震力を負担し、傾斜した外壁で長大なスパンを支持してしまえば、アリーナの4辺には柱のない開口部がつくれるのでは、と夢想したが、さすがにスタンドを支える柱をなくすことはできなかった。とはいえ、大きな開口部を設け、運河の景観を取り込んだ快適なコンコースは実現できた。最終的に屋根架構のケーブルで実現はできなかったが、吊る発想から生まれた内側に湾曲した屋根形状は他の効果を生みだした。

環境的には周辺に向けて光の反射を抑え、内部ではアリーナの空間気積を小さくして、換気量の低減に役立った。構造的には湾曲した屋根は、舞台機構を支えるキャットウォークを内包したトラスで面として固めて、屋根免振を実現することができた。そして何といっても形態的に他に類例のない、独自のアリーナの誕生につながった。

メディア等でこの姿が映れば、直ちに有明アリーナと分かるアイコンとなったのである。

（安東直）

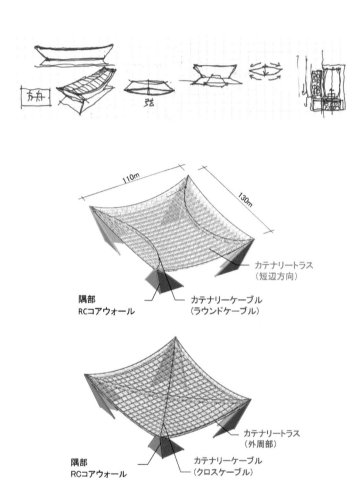

カテナリートラス
（短辺方向）

隔部
RCコアウォール

カテナリーケーブル
（ラウンドケーブル）

カテナリートラス
（外周部）

隔部
RCコアウォール

カテナリーケーブル
（クロスケーブル）

約120×130mの広大な屋根面を、四隅に設ける頑強なコアウォールからケーブルを架けて、屋根を吊る方法を模索した初期の検討図。隔部のRCのコアウォールは実現した。

初期のスタディ

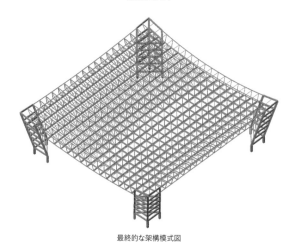

最終的な架構模式図

内側にくぼむ屋根形状により、一般的なアリーナより、天井の中央の高さが抑えられた空間は、競技をする側、観る側双方にとって集中できる環境ができたように思う。内装の木材活用も親和性の高い環境づくりに寄与した。

設計｜末光弘和＋末光陽子/ SUEP、曾瑞宏/ RHTAA　所在地｜台湾・高雄市　用途｜事務所　構造・階数｜SRC造・地上3階、塔屋3階　延床面積｜918.36㎡　竣工年｜2023年

photo: 黃聖凱

末光弘和
百佑オフィス

発想を膨らますためのツールとしての環境シミュレーション

台湾、高雄市で計画中の小さなオフィスビルのプロジェクト。敷地の中央に立つ樹齢100年のマンゴーの木を残しながら、その周りに建物を建てるという計画である。私たちは、現地でドローンを用いてこの高齢の樹木を3Dスキャニングし、ツリーレーダーで根の地中分布を調査し、さらには樹木医に健康状態を診断してもらったりしながら、正確に現状を把握して、設計を進めた。

このプロジェクトの面白いところは、人と自然の両面からの合理性を考える必要があることである。1つはオフィスを使う人がどのように樹木の影などの恩恵を受けながら快適に過ごせるのか、もう1つはこの樹木自体が、建物が建った後もこれまでと同じように健康でいられるのか。主語を人にしたり、樹木にしたりと入れ替えながら、両者にとっての快適な環境のあり方のスタディを繰り返している。

p.217のダイアグラムは、樹木の周辺の日射環境・影環境の立体的なポテンシャル分布をシミュレーションしたプログラムから抽出したものであり、季節や時間に応じて、樹木の周辺にどのように快適さが分布しているのかを把握す

るためのものである。赤に近い色は日射がよく当たる場所、青に近い色は日陰になる場所である。樹木の周りにオフィスを計画するにあたり、この辺りは影に包まれて涼しく執務空間に適しているとか、この辺りは日当たりが良くてリフレッシュスペースに適しているとか、樹木によって生まれる立体的なムラをあぶり出している。同時に、樹木自体に当たる日射環境もシミュレーションしており、建物のボリューム形状によって日射がどのくらい減ってしまうのかを計算している。樹木の育成に必要な日射量を下回らないように検討を重ねている。

このプロジェクトが包含するテーマは、現在の地球環境問題の縮図であり、これを通して人と自然がどのようなバランスの中で関係を築くべきかを模索している。

また、この建物は、台湾でもまだ例の少ないZEB（ゼロエネルギービル）となっており、高気密・高断熱を重視する寒冷地域の環境建築モデルとはまた異なり、遮熱・日陰・通風を重視した、東南アジアの蒸暑地域における新しい環境建築のモデルを目指して提案している。

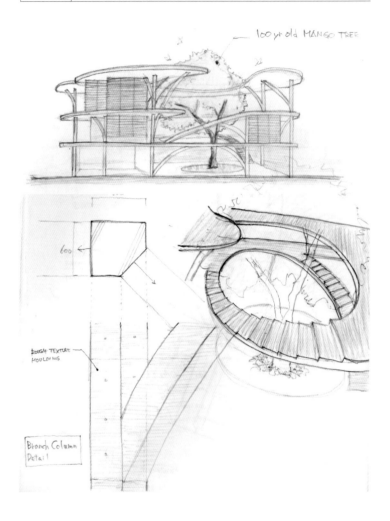

現地の施工技術から難しい施工ができない状況の中で、気候から求められる大きな庇を支える構造体について頭を悩ませていた時、マンゴーの木の枝を観察しながら、枝分かれする有機的な柱のアイデアを思いついた。

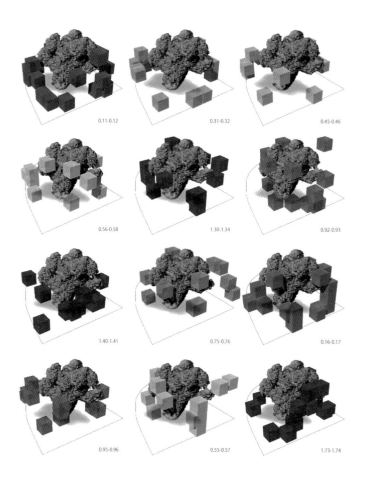

立体グリッドを枝分かれしながら変形させるという構造のアイデアのもと、樹木の周りの快適性ポテンシャル解析を元に、その変形を実行することを決定。この時に初めて環境と構造が一体になる感覚を持つことができ、これで行こうという決め手になった。

能作文徳＋常山未央
西大井のあな

「あな」を通り抜ける暖かい空気

私たちはバブル期に建てられた4階建て鉄骨造の中古住宅と土地を購入し、間仕切りや天井を解体した直後に引っ越して、住みながら少しずつ改修し続けています。1階は自分たちの設計事務所、2階は畳のゲストルーム、3階は居間、4階は寝室です。積層するスラブに「あな」を開けることで、各階で異なる生活の場面を繋ぎ、立体的な広がりを得たいと考えました。また「あな」を介して既存の天窓から薄暗かった階段まわりに光が届きました。倉庫だった1階を事務所にするため、無断熱のALCの外壁とコンクリート基礎に断熱を付加しました。また床や壁の仕上げに廃材となった檜や杉の縁甲板を再利用しました。角にある鉄骨柱の根元が雨水の浸入で錆びてボロボロに朽ちていたため、鉄筋コンクリートで根巻きし、その周りにベンチを造り付けました。屋上には太陽熱集熱パネルを設置し、床暖房や給湯に利用する予定でしたが、4階から1階までの熱のロスが大きいと考え、

2020年の冬にペレットストーブを1階に設置し、大鋸屑などを固めた木ペレットを燃料に暖房しています。かつて商店や町工場として使われていた周囲の建物はシャッターで閉ざされていますが、こうした職住一体の住宅型は地域のポテンシャルになると考え、街から仕事場が見え、路地とつながる大きな開口（樹脂サッシ＋ペアガラス）を設けました。土間コンクリートで塞がれた駐車場を少しずつはつり、土に戻しました。この土壌を健全な状態にするために、溝を掘って竹炭と枯れ枝を敷き、水と空気（酸素）が土中に入り込むようにし、腐葉土や生ゴミで作ったコンポストを土に混ぜ合わせ、マウンド状にして、モミジとコナラを植えました。屋上ではキュウリ、トマト、ゴーヤなどを育てています。将来的には発電パネルを屋上に設置して、太陽のエネルギーで電力供給を行いたいと考えています。

このように「西大井のあな」は、日々変化・成長する建築です。

設計｜能作文徳＋常山未央　所在地｜東京都品川区　用途｜住宅・事務所　構造・階数｜S造・地上4階　延床面積｜151.17㎡　竣工年｜2017年より改修開始

私たちが引き継いだ築30年の鉄骨造4階建ての建物は、鉄骨の柱梁、吹付ロックウールの耐火被覆、ALCパネルという工業製品で構成されている。都内の高密な住宅地にあり、地域のつながりは薄い。建築の「完成」という考えを取り払ってみたら、「あな」を通してさまざまな人や知識と出会い、建物と共に私たちも成長していった。

身近な資源を活用することから湧いたオフグリッドへの興味が、ソーラークッキングへの試みになり、土中環境との出会いへと繋がり、自宅のコンクリートで覆われた駐車場を土の庭に変えた。土中環境の働きに感動し、土と共存する独立基礎のアイデアに繋がり、藁や木繊維など土へ還る材料を使用するようになり、それが伝統構法へと繋がっていった。

日本建築家協会の月刊会報誌『JIA MAGAZINE』の編集長を2018年8月に始めた時、巻頭で建築家にインタビューをしようと考えた。加えてインタビューをした建築家の皆さんに「建築が生まれた時」のドローイングか模型を表紙に掲載してもらうことをお願いした。「建築が生まれた時」とは、あるプロジェクトにおいて、あるドローイングや模型ができたことで「これで行けそうだ」と感じた時のことである。

　最初の表紙を飾った隈研吾さんの模型から最後の内藤廣さんのドローイングまで、その間、50を超える模型やドローイングが登場し、建築家の皆さんの発想の瞬間に凝縮されているエネルギーが毎月の表紙にほとばしった。

　6年間（2018年8月号〜2023年4月号）この表紙を見ながらこれは貴重な資料だと感じた。そこで散逸しないように書籍にまとめることにした。その際、建築家の皆さんに建築が生まれた時だけではなく、生まれる「前」も見せてくださいというお願いをした。というのも建築家たちは、建築が生まれるまで悶々とスケッチや模型を作り続け、ある時何かの拍子に建築を産み落とす。だから「生まれる前」と後を見れば「生まれた時」の「何かの拍子」が分かると思ったのだ。そしてこの「何かの拍子」こそが建築設計の「肝」で、その「肝」は建築の計画学、設計基礎、資料集成、意匠論、建築論など世に出回る建築のどんな本にもほぼ間違いなく書かれていない。それはこんな建築家の産みの苦しみの現場を見るしか知る方法はないのである。

　そんな産む前の苦しみを果たして見せてもらえるのかどうかは不安だったが、お願いをした。すると皆快く見せてくれた。

　今あらためて200ページに及ぶ50人の建築家の発想の現場を見ていると怖くなってくる。建築家の想像力の逞しさ、情熱に圧倒された。自分も設計者として、日夜思い悩んでいる。そのために、何をしたらいいのか不安をかかえながら建築スタディをしている。その方法はきっと人それぞれではある。しかし、いい建築はいいスタディの先にある。いい発想の方法が必要なのである。

この50人の建築家の発想の方法論は必ずや皆さんの方法論を強化してくれるはずである。特異なものもあれば、普通なやり方もあるだろう。どれを参考にしてもいい。自分にしっくりくる方法に出会えることを願っている。

　最後にしかし最小ではなく、この本作りに力を貸してくれた多くの人へ感謝の意を表したい。まずは多忙な建築家の皆様には、インタビューに答えてくれたこと、それをまとめるにあたって、建築が生まれる前を見せてくださいという、厄介なお願いにご協力いただけたことに、この場を借りて御礼したい。次にインタビューの時からテープを起こして、記事作りを担当してくれた南風舎の南口千穂さんには、50人の建築家を相手に1人ずつ丁寧にこちらの要望を伝え、対応してくれたことに、学芸出版社の井口夏実さんには私の企画を快諾してくれた上に、「建築が生まれる前を載せましょう」というこの本の肝となるアイデアを考案し、それを実行すべく建築家の案に根気よく1つずつ赤入れをしてくれたことに、デザイン担当のLABORATORIESの加藤賢策さんにはたびたびのデザイン注文に根気よくお付き合いいただいたことに、深い敬意を表します。みなさんありがとうございました。

2024年5月　坂牛卓

編著者

坂牛卓（さかうしたく）

1959年東京都生まれ。1983年東京工業大学工学部建築学科卒業。1083年IAESTE交換研修生としてスイス・バーゼルにて研修。1985年文部省給費留学生としてUCLA大学院建築学科修了。1986年東京工業大学大学院修士課程修了。1986-1998年日建設計勤務。1998年O.F.D.A associates設立。2009年信州大学工学部建築学科教授。2011年東京理科大学工学部第二部建築学科教授。[主な受賞] 2005年第4回芦原義信賞、2007年日本建築学会作品選奨（リーテム東京工場）、2015年The International Architecture Awards 2015（松の木のあるギャラリー）、2017年SDレビューSD賞（運動と風景）、2023年JIA長野建築賞2023優秀賞（Fujimi Hut）。[主な著書]『建築の規則』（単著：ナカニシヤ出版）『建築の条件』（単著：LIXIL出版）『建築の設計力』（単著：彰国社）『教養としての建築入門』（単著：中央公論新社）

著者（掲載順）

青木淳	小堀哲夫
中山英之	日建設計
増田信吾＋大坪克亘	隈研吾
西澤徹夫	宇野友明
北川原温	安田幸一
NOIZ	平田晃久
古澤大輔	飯田善彦
遠藤克彦	金野千恵
藤村龍至	ツバメアーキテクツ
古谷誠章	山本理顕
千葉学	内藤廣
山梨知彦	長谷川逸子
香山壽夫	保坂猛
五十嵐淳	田根剛
坂本一成	佐藤尚巳
大谷弘明	宮崎浩
金箱温春	平瀬有人・平瀬祐子
原田真宏	中川エリカ
山下設計	大江一夫
Arup	比嘉武彦
伊東豊雄	ヨコミゾマコト
畝森泰行	室伏次郎
前田圭介	久米設計
長谷川豪	末光弘和
中村拓志	能作文徳＋常山未央
永山祐子	

建築スタディ 発想の方法

デザインを決めた50人の模型・ドローイング

2024年6月25日　第1版第1刷発行
2024年9月30日　第1版第3刷発行

編著者
坂牛卓

発行者
井口夏実

発行所
株式会社学芸出版社
〒600-8216
京都市下京区木津屋橋通西洞院東入
tel 075-343-0811
http://www.gakugei-pub.jp/
E-mail: info@gakugei-pub.jp

編集担当
井口夏実

編集・DTP
南口千穂（南風舎）

装丁
加藤賢策（LABORATORIES）

協力
小西建

印刷・製本
シナノパブリッシングプレス